Rotraud A. Perner • Aufrichten!

Rotraud A. Perner

AUFRICHTEN!

Anleitung zum seelischen Wachstum
Ein Beitrag zu Resilienz und Salutogenese

Orac

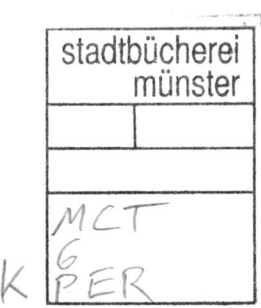

www.kremayr-scheriau.at

ISBN 978-3-7015-0612-5
Copyright © 2019 by Verlag Kremayr & Scheriau/Orac GmbH & Co. KG; Wien
Alle Rechte vorbehalten
Schutzumschlaggestaltung: Christine Fischer, unter Verwendung eines Fotos von Panos Karas/shutterstock.com
Typografische Gestaltung und Satz: Sophie Gudenus
Druck und Bindung: FINIDR s.r.o, Český Těšín, Tschechien

Inhalt

1. Einige Vorbemerkungen
   Weshalb ich dieses Buch unbedingt schreiben wollte 6

2. Vom Boden empor
   Welche biographischen Erfahrungen dazu führen, dass sich Menschen eher klein machen als sich groß aufzurichten 17

3. Blickrichtungen
   Zu den Körperhaltungen, an denen man das Spannungsfeld von Klein zu Groß erkennen kann 45

4. Aufrichten
   Wie man sich aus schwierigen Situationen heraus entwickeln kann 60

5. Haltungen
   Wege zur Selbstaufrichtung – und wie man sie gegen andere verteidigt 91

6. Bewegung
   Atmen hilft Leben zu gestalten – weil Leben immer in Bewegung besteht und Bewegungen sich dehnen lassen 116

7. Selbstbestimmung
   Zum Umgang mit Grenzen 136

8. Wachsen in Schritten
   Vertiefende Erklärungen und Anleitungen 145

9. Anmerkungen 179
10. Literatur 188

1. Einige Vorbemerkungen
Weshalb ich dieses Buch unbedingt schreiben wollte.

> — Nein,
> Sorg dich nicht um mich.
> Du weißt:
> Ich liebe das Leben.
> Und wein' ich manchmal noch um dich
> Das geht vorüber sicherlich.
> <small>Liedtext Vicky Leandros</small>

Als ich im Herbst 2018 an diesem Buch zu arbeiten begann, sollte der Titel ursprünglich „Haltung" lauten und Hilfestellung bieten, auf welche Weisen man selbstfördernd mit Enttäuschungen umgehen kann.

Dann las ich im Jänner 2019, dass der österreichische Altvizekanzler Reinhold Mitterlehner im April ein Buch mit diesem Titel herausbringen wolle, in dem er mit seiner Nachfolgeregierung „abrechnen" werde. Wie von mir vermutet, war es dann aber vor allem ein Rechtfertigungsversuch seiner persönlichen Verhaltensmuster in der Bundespolitik, angereichert mit alltäglichen Erzählungen aus seiner Kindheit und Studienzeit, ersten Berufserfahrungen und Zitaten aus Medienberichten.

Ich war enttäuscht, hatte ich doch Tatsachenanalysen und Selbstreflexionen erwartet – jedoch gleichzeitig war ich erleichtert: Mein Konzept erwies sich in keinem Punkt konkurrenziert, obwohl man sagen könnte, der Ausgangspunkt wäre schon der gleiche: unangenehme Erfahrungen salutogen – also Gesundheit fördernd – verarbeiten.

> Egal, was man tut: Das Ziel sollte immer mentale Gesundheit sein – die eigene wie auch die anderer –, und dazu zählt vor allem die Wahrhaftigkeit des „Es ist, was es ist", anstatt andere oder auch sich selbst zu täuschen.

Mentale Gesundheit zu fördern bedeutet für mich[1] unter anderem: all die Fallen zu vermeiden, die nur Kleinlichkeit und damit seelisches Kleinbleiben festhalten. Sie bestehen darin,
- in Selbstmitleid nach Trost zu heischen,
- sich in der Märtyrer- oder Opferrolle gemütlich – Betonung auf Gemüt! – einzurichten, oder aber
- sich nach Rache sinnend auf Personen zu fixieren, von denen man Genugtuung begehrt und daher fordert, oder
- hinterlistig zu versuchen, deren Ansehen in der Gesellschaft zu zerstören, in der Hoffnung, das eigene zu mehren. Und genau Letzteres kennen wohl alle aus Politik, Arbeitswelt und – Familie.

All das sind Fehl-Haltungen, denn sie „halten" einen geistig-seelisch für längere Zeit in den Augenblicken der Enttäuschung fest – und das oft sogar über Jahre!

Das kann zu einer Art Tunnelblick und permanenter Nabelschau und sogar Zwangsgedanken führen – und all das verhindert die Wahrnehmung neuer Chancen und letztlich Weiterentwicklung. Dazu gibt es leider zahlreiche Negativ-Vorbilder, vor allem auf den allgegengewärtigen Bildschirmen: Sie fordern zu Kampf heraus – und das bedeutet meist Beschädigung oder gar Vernichtung all dessen, was einem im Weg steht. Man braucht nur die Politikberichterstattung und Live-Präsentationen anzusehen! Solche „Inszenierungen" machen die Akteure nur zur Waffe und verbrauchen Lebensenergie, die man besser dem eigenen seelischen Wachstum widmen sollte.

Was kaum bedacht wird: In all diesen unbewussten „Selbstbehauptungstechniken" oder bewussten Taktiken und Strategien, um mehr Macht zu gewinnen, gibt man tatsächlich aber Macht ab. Man erwartet ja dabei eine Reaktion von anderen – und gibt diesen damit ungewollt die Macht des Nein-Sagens. Diese „Zukunftssicht" hat man in der Kindheit „erlernt": Man hat erlebt, dass und wie Entschuldigungen gefordert und erzwungen werden können. Mit dieser Machtdemonstration – „Wenn du nicht so bist, wie ich dich haben will, gibt es Strafe!" (die ärgsten Strafen: Ausgrenzung, Schweigen und Liebesentzug) – wurde man auf Gehorsam, sprich Unterwerfung, trainiert. Gleichzeitig wurde man vielfach belehrt, dass man sich „nichts gefallen lassen" darf – ein klassischer „double bind"[2]! Dennoch steht man dabei im Mittelpunkt der Aufmerksamkeit – wenn auch als quasi Beschuldigter – und bekommt damit „Aufmerksamkeitsenergie". In der psychotherapeutischen Schule der Transaktionsanalyse heißt es dazu: „Jede Art von Stroke ist besser als überhaupt kein Stroke."[3] (Ein „stroke" – zu Deutsch meist positiv mit „Streicheleinheit" übersetzt – bedeutet im englischen Originaltext wertneutral „Streich" im Sinne jeder Art von Berührungen, negative mitgemeint, wie im Wort „Backenstreich" und auch „Schlag" wie „Schlaganfall").

Diese zwangspassive „Haltung" ist zwar verlockend, besonders wenn man sonst nicht gerade viel Beachtung findet, aber Gesundheit und Entwicklung fördernd ist sie nicht.

Deswegen erinnere ich immer wieder daran, dass die Reaktionen anderer außerhalb unserer Macht liegen – die eigenen hingegen sehr wohl, und genau deswegen sollte man immer dort ansetzen: bei sich selbst. Genau um diese Ansätze geht es in diesem Buch.

Wenn man wie ein Regisseur seine Schauspieler und Schauspielerinnen beobachtet, mit welchen Körperhaltungen, Gesten und Gesichtsausdrücken die Menschen bei Enttäuschungen und anderen seelischen Leidenszuständen reagieren, und versucht, diese nachzuahmen, merkt man, dass sich spontan meist Haltungen des Niederbeugens, Krümmens (bei gleichzeitigem Vorschieben des Kopfes oder zumindest Kinns) oder Abstand-Haltens, seitliches Verschieben oder Erstarrungshaltungen einstellen. Sie werden daher quasi automatisch (d. h. wie ein – vom wem wohl? – programmierter Automat) ohne viel darüber nachzudenken eingenommen. Man gestaltet gleichsam körpersprachlich eine Beziehung – je nachdem, was für Motive in einem selbst zum „Ausdruck" gelangen: ob dieser als distanziert, drohend oder aber unterwürfig und bettelnd erlebt wird, hängt von der Interpretation anderer ab (und entspricht nicht immer den eigenen Absichten).

Dies führt jedoch gleichzeitig in eine Art Abhängigkeit von denjenigen, von denen man etwas will, nämlich „Genugtuung". Die anderen sollen „genug" tun, damit man sich wieder OK fühlen kann. Solange man in dieser „Haltung" verweilt, hält man dann aber quasi seinen eigenen Lebensfluss an wie den Zeitlauf bei einem Videorecorder, und das bedeutet: Man verliert Beweglichkeit und damit wiederum Energie.

Deswegen finde ich das Wort „aufrichten" letztlich viel besser als das Wort „Haltung": Haltung ist statisch, rigide, oft stur; aufrichten ist dynamisch, flexibel, lebendig – und genau diese Bewegungen braucht man, wenn man sich aus Enttäuschungen, Fehlschlägen, Demütigungen heraus weiterentwickeln will.

Wie ich wiederholt beobachten konnte, melden sich immer dann, wenn ich an einem bestimmten Thema arbeite – egal ob für einen Text, einen Vortrag oder auch Unterricht an der Universität – Männer oder Frauen bei mir für Coaching oder Therapie, die genau an dieser Thematik leiden. Beim vorliegenden Buch waren es überproportional viele Menschen, die akut mit krassen Diskriminierungen, Verleumdungen, Mobbing, Missbrauch, Untreue und Verlusterlebnissen fertig werden mussten.

Manche fragen dann nach Tipps und Tricks, wie sie „die Anderen" bzw. „das System" dazu bringen könnten, sich anders zu verhalten; manche wiederum wollen wissen, wie sie die unangenehmen Gefühle und Zwangsgedanken loswerden könnten. Auch wenn Kollegen, Familienangehörige und Freunde beschwichtigten, dies alles sei ganz normal und müsse eben „ausgehalten" werden – wie dieses Wort schon besagt, auch eine Form von Haltung! –, spürten die bei mir Ratsuchenden genau, dass es mehr Lösungen geben müsse als nur Kämpfen (inklusive Verteidigung), Flüchten oder Totstellen.

Auch von solchen weiteren Lösungsmöglichkeiten handelt dieses Buch.

Ich habe diese aus Situationen meiner eigenen Biographie erarbeitet – aber natürlich auch in Kombination meiner multidisziplinären Ausbildungen und 50-jährigen Berufspraxis in all meinen erlernten Berufen: als Juristin, Nationalökonomin, Sozialtherapeutin, Erwachsenenpädagogin, Psychotherapeutin und Psychoanalytikerin, Medienarbeiterin und Hochschullehrerin, evangelischer Theologin und ehrenamtlicher Pfarrerin, vor allem aber auch als Mandatarin einer politischen Partei[4]; in jedem dieser Berufsfelder herrschen bestimmte unausgesprochene Spielregeln und Usancen. Gesundheit *fördernd sind die wenigsten – und wer sich nicht an die Regeln hält, wird schnell Außenseiter*in. Ich kenne daher all das, was ich beschreiben werde, nicht nur aus „zweiter Hand" von den Berichten meiner Klient*innen, aus der Live-Beobachtung der jeweiligen Gruppendynamik in vielen Stunden praktizierter Fachbegleitung, Supervision und Coaching, sondern auch aus meiner kritischen Selbstbeobachtung je nach entsprechendem Arbeitsfeld und natürlich auch aus meiner regelmäßigen eigenen Supervision. Deswegen werde ich eigene Erfahrungen auch als solche berichten und sie nicht hinter Camouflagen („Da kannte ich mal jemand …") verstecken.*

> Im Endeffekt geht es immer um Energiegewinn – um Dominanz, Hegemonie, Macht – und Energieerhaltung.

Alles strebt nach Energie

So macht der seinerzeit als Wissenschaftstheoretiker unterschätzte, weit vorausblickende Wiener Meeresforscher Hans Hass (1919–2013) deutlich, dass alle Pflanzen, Tiere, Menschen, aber auch alle menschlichen Berufsstrukturen und Erwerbsbetriebe die gleiche zentrale Ausrichtung haben – ihr Ziel ist es, ihr Energiepotenzial zu erhöhen. Dazu müssen sie „mehr nutzbare Energie einnehmen, als ihre Erwerbsanstrengung sie selbst an Energie kostet. Wird ihr Saldo passiv, dann mögen sie sich noch aus Reserven oder durch *Abbau der eigenen Struktur* existent halten, bleibt es jedoch passiv, dann zerfallen sie, vergehen sie. Das gilt für jeden Wurm ebenso wie für eine Lokomotivfabrik, für jedes Bakterium ebenso wie für einen Geldschrankknacker."[5] (Hervorhebung von mir.)

Aus einem psychotherapeutischen Blickwinkel betrachtet, kann man beobachten: Wenn man sich im Denken an eine belastende Erfahrung fixiert, d. h. stillhält, also nicht um Energiezugewinn bemüht, verliert man Energie – Lebenskraft – und schwächt dadurch die eigene Struktur und letztlich Substanz. Man kümmert dahin. Man braucht Bewegung, um sich aus dem Mangelerlebnis heraus zu entwickeln – und die erste Bewegung dazu sehe ich im Aufrichten. (So betrachtet wäre Beten als Bewegung zu dem hin, was wir Gott nennen, eine Form, neue Energie zu gewinnen!)

Suche nach Energiezuwachs ist deshalb grundsätzlich nichts Schlechtes, sondern wohl der wichtigste Überlebensfaktor.

Schlecht wird dieses Streben erst, wenn es einzig nur mehr um immer mehr und noch mehr persönlichen Energiegewinn – quasi „Energievöllerei" – zu Lasten anderer geht. Ich spreche dann gerne von Energiediebstahl, von Vampirismus.

Im Gegensatz zu Tieren verfügen wir Menschen nicht nur über
- das Stammhirn (oft als Reptiliengehirn bezeichnet), sondern auch über das sogenannte
- limbische System, in dem Gefühle beheimatet sind, und das
- Großhirn und damit prinzipiell (d.h., wenn keine Schädigung vorliegt) die Fähigkeit, Vergangenheit, Gegenwart und Zukunft gedanklich zu unterscheiden.
- Das bedeutet, Verantwortung für die Folgen unseres Handelns erkennen, tragen und ertragen zu können, zu sollen und zu müssen –, und außerdem noch
- die Fähigkeit zu sprechen: nicht nur mit Anderen, sondern auch mit uns selbst im sogenannten „Inneren Dialog" und in der „Gewissenserforschung".

Welche Folgen Handlungen nach sich ziehen können, liegt meist nicht in unserer Macht – wir glauben es nur oft. „Es ist nichts so fein gesponnen, es kommt doch endlich an die Sonnen", lautet ein deutsches Sprichwort[6]. Man könnte all diese „Selbstschutztechniken" als Erklärung für so manches unverständliche Verhalten, insbesondere auch Leiden, verstehen: Vieles, was man als unerwünschte Gefühle oder Gedanken bewusst „weggesteckt" oder unbewusst „verdrängt" hat, kehrt wieder – als plötzlicher Gefühlsausbruch oder als Tick, Zwang oder sonst ein Symptom von Störung oder Krankheit.

Geschehnisse oder Gedanken zu verheimlichen oder dies sogar zu müssen, bedeutet wiederum Energieverlust: Man verbraucht Lebenskraft, weil man ja aufpassen muss, sich nicht zu verraten, und das heißt im Klartext umgekehrt: man muss sich selbst verraten (im Sinne von nicht zu sich stehen).

Zu sich „stehen" geschieht immer dann, wenn man sich nicht duckt, krümmt, versteckt, klein bzw. unsichtbar zu machen versucht. Das ist schwer, wenn einem das Herz stockt, der Magen umdreht, die Knie schwach werden, die Beine versagen (und die Stimme auch noch dazu), und was es sonst noch so alles gibt, was dem tierischen Totstellreflex entspricht.

Oft fehlen nur Vorbilder für alternatives Verhalten

Modell-Lernen ist vor allem deswegen schwer, weil die verwandte, befreundete oder gut bekannte Besserwisserschaft kaum ein nachahmenswertes Vor-Bild abgibt: Man kann sie selten in Situationen der Erniedrigung beobachten (und wenn, schaut man peinlich berührt meist gleich weg). Kommt es aber doch dazu – wie zum Beispiel bei öffentlichem Bashing[7] (egal, ob es berechtigt ist oder nicht) – und gelingt es jemandem, dabei seine bzw. ihre

Würde zu bewahren, so wird diese Form der Selbstbehauptung – und im Falle von Fehlverhalten Übernahme von Verantwortung – selten anerkannt, sondern mit Spott und Hohn, heutzutage noch dazu mit einem medialen Shitstorm, beantwortet.

Viele schämen sich, wenn sie sich in der sogenannten Opferrolle wiederfinden – glauben sie ja doch an das Märchen vom einsamen Glücksschmied („Jeder ist seines Glückes Schmied" ist einer der „drei Mythen der Macht" neben „Alle Menschen haben die gleiche Macht" und „Der Mensch ist grundsätzlich machtlos") – und dass sie daher selbst an ihrem Elend schuld seien. „Du Opfer!" wird gegenwärtig sogar als Schimpfwort unter Jugendlichen verwendet.

Dabei zählt es im angeblich christlichen Abendland zu den wesentlichen Botschaften des Todes Jesu am Kreuz – an welchem man auf Golgatha im Gegensatz zu Kopf-unten-Kreuzigungen aufrecht fixiert wurde –, dass einen niemand zum Opfer machen kann, wenn man sich selbstbestimmt, aus freiem Willen in solch einer Situation seelisch-geistig aufrichtet, in der einem die Umwelt Gefühle von Schmach und Schande, von Angst und Verzweiflung beifügen oder zumindest suggerieren will. Angstmache sagt mehr über die Gefühls- und Gedankenwelt und Ziele dieser Akteure aus als über die eigene Seelenlage.

Unsere Gefühle machen wir selbst

Wir geben dem jeweils körperlich spürbaren Impuls einen Namen – den wir bereits meist lange vorher (nämlich beim Spracherwerb in der Kindheit und auch später, wenn wir ein neues Wort kennenlernen) unserem Sprachschatz einverleibt hatten – ohne viel nachzudenken, ob es wirklich der zutreffende ist, und ohne zu überprüfen, ob damit bereits eine bestimmte Bewertung mitgeliefert wird. Dann fühlen wir uns kompetent, nicken uns selbstbestätigend zu und speichern diese Selbstzuschreibung im Repertoire der Selbstdefinition ab.

Mein immer wieder gern zitiertes Beispiel umfasst meine wiederholten Erfahrungen mit Menschen, die sich als eifersüchtig bezeichneten oder bezeichnet wurden. Ich bitte sie dann jedes Mal, genau nachzuspüren und zu differenzieren, ob ihnen ihre Empfindung signalisiert, dass sie eine alltägliche Konkurrenzsituation lediglich ungewohnt, unangenehm oder aber echt bedrohlich empfinden, ob sie selbst rivalisieren oder aber alte Erinnerungen an unfaire Rivalitäten ausgelöst worden sind, oder ob ihr Körper Furcht bzw. Angst vor Wiederholung auftauchen lässt, um sie vor gefährlichen Nahe-Situationen zu warnen – oder ob sie sich in einer tatsächlichen Situation von Benachteiligung befinden.

Meist ist es nämlich genau dies – eine Form von subjektiv empfundener Ungerechtigkeit oder Hintanstellung. Aber dieser Art von Ahnung und Erkenntnis mögen viele Menschen nicht vertrauen, weil ihnen diese „Wahr"nehmung von den Bezugspersonen der frühen Kindheit ausgeredet wurde. (So protestieren kleine Kinder oft mit dem Satz „Das ist gemein!" und meinen damit „ungerecht", kennen aber Begriffe wie Gerechtigkeit oder Fairness noch nicht – und ihre Bezugspersonen werden wütend, weil das ihrem Selbstbild widerspricht; und so geht Gerechtigkeitsempfinden verloren. Früher lautete die folgende Drohbotschaft meist: „Wenn du so was Garstiges sagst, werd' ich dir gleich den Mund mit Seife auswasch'n!", und oft genug wurde diese Strafe auch vollzogen.)

Eines der wesentlichen Ergebnisse einer gelungenen Psychotherapie besteht darin, dass die äußere indoktrinierte Wahrheit von der authentischen inneren überlagert wird (aber als Alarmsignal bei Versuchen von Ein- bzw. Ausreden bestehen bleibt), oder anders gesagt: dass Hirn und Herz (und auch der Bauch) wieder eins werden.

Aus genau diesem Grund habe ich für das Coverbild dieses Buches den als „Nike von Samothrake" bezeichneten Torso gewählt: Ich verstehe ihren Leib nach „oben offen" für höhere Wahrheiten, nicht mehr nur kopflastig voll vom erdrückenden Schul- und Buchwissen, und damit zugleich auch nach „unten offen" zu dem tieferen Spürwissen und flugbereit zum Aufstieg zur nächsten, höheren Entwicklungsstufe, und gleichzeitig doch auch bereit, aufrecht auf dem Boden der Tatsachen zu stehen.

2. Vom Boden empor

Welche biographischen Erfahrungen dazu führen, dass sich Menschen eher klein machen (lassen) als sich groß aufzurichten.

— Aufrecht gehn
aufrecht gehn
ich hab endlich gelernt
wenn ich fall
aufzustehn …
Liedtext Mary Roos

Am Beginn seines Lebens durchläuft jeder Mensch alle in der Entstehungsgeschichte der Menschwerdung vor ihm liegenden Entwicklungsphasen von Lebewesen (abgesehen vom Fliegen, deswegen sehnen sich ja auch viele so sehr danach): Zuerst schwimmt er im (Frucht)Wasser; dann, ans Licht der Tageswelt gekommen, muss er selbstständig atmen, später liegend, vibrierend (zappelnd) sich immer mehr Bewegungen und Töne erarbeiten; mit zunehmender Erstarkung der Muskulatur gilt es, den Kopf heben und drehen zu lernen, sich vom Wippen zum Kriechen, danach zum Aufrichten und schlussendlich zum freihändigen Gehen fortzubewegen. Schließlich, so um den zweiten Geburtstag, beginnt das Menschlein zielgerichtet das Greifen, Zwicken, Schlagen, Beißen etc. zu beherrschen. Phylogenese heißt dieser entwicklungsgeschichtliche Verlauf und sollte uns einerseits daran erinnern, woher wir kommen, und andererseits, wie viel Kraft jedes Baby braucht, den schweren Kopf aufrecht zu halten und später dann den ganzen Körper – und den Mut nicht zu verlieren, wenn es beim Versuch, den Körper aufzurichten, immer wieder hinplumpst. „So geht Resilienz."⁸

Als mein jüngerer, sechs Wochen vor dem errechneten Geburtstermin geborener, daher sehr zarter Sohn diese Klimmzüge trainierte, stürzte jedes Mal sein 21 Monate älterer, von Geburt an kräftiger Bruder auf ihn zu und drückte ihn wieder zu Boden. Der Jüngere protestierte lauthals und signalisierte mir damit die Notwendigkeit, „auf der Bühne" – oder besser im „Ring" – aufzutreten. Ich sagte dann immer: „Es ist gut, dass du übst – und du wirst es schaffen, auch wenn du dabei gestört wirst!" Möglicherweise liegt in der Überwindung dieser ersten geschwisterlichen Unterdrückungsversuche die Wurzel seiner heutigen Zähigkeit im Verfolgen seiner Ziele.

In seiner Abhandlung „Hemmung, Symptom und Angst" setzte sich Sigmund Freud mit den Gedankengängen seines Schülers Otto Rank auseinander, der den Geburtsvorgang als erste Gefahrensituation und Vorbild für spätere Angstreaktionen erblickte. Freud fokussierte dieses „Reagieren mit Angst" – auch in späteren Gefahrensituationen – auf die fundamentale Trennung von der Mutter. Er schränkt aber auch ein: „Nun trifft das Trauma der Geburt die einzelnen Individuen in verschiedener Intensität, mit der Stärke des Traumas variiert die Heftigkeit der Angstreaktion, und es soll nach Rank von dieser Anfangshöhe der Angstentwicklung abhängen, ob das Individuum jemals ihre Beherrschung erlangen kann, ob es neurotisch wird oder normal."⁹

Wie so oft liegt es daran, worauf die Aufmerksamkeit gerichtet ist: auf das Verhalten der Gebärenden, auf die „Lage" – im Doppelsinn des Wortes – des Kindes, auf das eigene Handeln als Geburtshelfer*in oder auf die Rahmenbedingungen z. B. in Hinblick auf ihr Angst-Auslöse- oder ihr Prägungs-Potenzial. Denn vieles an späteren Lebensmustern wird verständlich, wenn man die Geburts- oder auch Schwangerschaftsbedingungen erfährt.

So klagte ein im Handeln untätiger, emotional jedoch ungeduldiger Klient, dass er immer wieder in Situationen gerate, in denen entgegen seiner Erwartungen „nichts weitergeht". Auf meinen intuitiv spontanen Hinweis, er möge doch seine Mutter fragen, wie seine Geburt verlaufen ist, berichtete er in der nächsten Stunde, er sei „lange im Geburtskanal gesteckt und musste geholt werden". Auf dieser Erfahrung aufbauend wurde es ihm möglich, seine Ungeduld als „bisher mangelndes Zutrauen" auf zufallende „Hilfe von außen" zu definieren und bewusst in entspanntes und daher „offenes" Vertrauen – wie auch immer diese sein mochte – zu verwandeln. Denn dazu hatte er bisher viele Erlebnisse, nur waren ihm diese weder als erlebte Ressource noch als immer vorhandene Möglichkeit bewusst geworden.

Der Begründer der psychotherapeutischen Biosynthese, David Boadella (*1931), ein Schüler Wilhelm Reichs, verweist auf das vorgeburtliche Leben: Die Ohren können sechs Wochen nach der Empfängnis hören; der Embryo lutscht schon nach einer halben Schwangerschaft am Daumen, obwohl die Finger noch keine Knochen haben, und er tritt Wasser – die biologische Grundlage für Aggression (im Sinne von „Vorwärtsbewegung"). Der Körpertherapeut schreibt: „Mit hoher Wahrscheinlichkeit werden die Erregungsmuster des Fötus, angenehme wie unangenehme, und die mit ihnen verbundenen Reflexbewegungsmuster in irgendeiner Form aufbewahrt, die möglicherweise später wiederentdeckt werden kann."[10], und: „Wir brauchen Erinnerungsfähigkeit – so verstanden – nicht auf das Gehirn beschränken. Organismen ohne Hirngewebe oder Nervensysteme haben Erfahrungen. Sie sind empfindungsfähig, reagieren auf ihre Umgebung und handeln danach. Es scheint, dass sogar einzelne Zellen ein bestimmtes System primitiver Erinnerungsfähigkeit an vergangene organische Zustände besitzen."[11] Seine Vermutung gilt zwischenzeitlich als sicher.[12]

So schreibt die Wiener klinische Psychologin Beate Handler: „Es ist wissenschaftlich bewiesen, dass der emotionale Zustand der Mutter über die Nabelschnur dem Ungeborenen ‚mitgeteilt' wird. Gefühle bringen unser Innerstes in Aufruhr und dadurch werden körperliche Prozesse in Gang gesetzt."[13] Ich ergänze: und umgekehrt – es sind parallel laufende Prozesse.

Negative Prägungen am Beginn des Lebens könnten möglicherweise verhindert oder zumindest gemildert werden, wenn alle, die an einer Entbindung beteiligt sind, diese nicht nur als einen „stummen" (oder maximal anleitenden, oft befehlenden) medizinischen Routinevorgang betrachten, sondern auch als einen „dialogischen" Prozess, der für Kind wie auch Mutter in Zukunft lebensbestimmend sein kann.

Wirkkraft von Sprache

Die französische Kinderpsychoanalytikerin Caroline Eliacheff (* 1947) beschreibt anschaulich, wie unbedachtes Reden vor Kleinstkindern – im Sinn von „die verstehen ja doch nichts" – sehr wohl negative Symptome auslöst und wie diese durch „Gegenreden" zum Verschwinden gebracht werden können.

So schildert Eliacheff den Fall eines zur Adoption frei gegebenen farbigen Säuglings mit Ekzemen auf Gesicht und Kopfhaut: Obwohl sich der kleine Bub die ersten vier Wochen gut entwickelt hatte, waren diese und weitere Symptome, wie Eliacheff herausfand, gerade dann aufgetreten, nachdem seine Betreuungspersonen im Säuglingsheim negativierend darüber gesprochen hatten, sie hätten erwartet, dass die Mutter die Adoptionsfreigabe rückgängig machen würde. Eliacheff erklärt nun dem Baby, welch gute Mutter er habe, die zu seinem Besten den Weg frei mache, auf dass er bessere Lebensbedingungen haben solle als bei ihr: „Sie hat sich gewünscht, dass diese Familie nicht die gleiche Hautfarbe hat wie du, der du eine schwarze Haut hast. Es ist noch nicht klar, ob das der Fall sein wird. Aber du musst deswegen nicht deine Haut ändern." Eine Woche später sind die Symptome weg.[14]

Mich erinnert das an das Märchen vom Dornröschen, in dem die böse uneingeladene Fee der Prinzessin den Tod am 15. Geburtstag anflucht und danach die noch nicht an der Reihe gewesene letzte gute Fee den „magischen Befehl" auf hundertjährigen Schlaf mildert.

Sprache hat Suggestivkraft: Sie bewirkt „Wirklichkeit". Die Soziologen Norbert Elias und John L. Scotson erkannten in ihren Forschungen über jugendliche Außenseiter: „Gib einer Gruppe einen schlechten Namen, und sie wird ihm nachkommen."[15]

Namensgebung kann Fluch sein oder Segen

Ein Name kann niederdrücken, verkleinern und klein halten – oder aufbauen, Wachstum fördern und damit den Blick in die Weite und Höhe ermöglichen, leider auch mit der Gefahr der Selbstüberschätzung. So um den zweiten Geburtstag, wenn Kleinkinder über genügend Muskelkraft verfügen, um zielgerichtet zu greifen, zu klammern, zu zwicken, zu schlagen und zu treten, entwickeln sie erstmals ein stolzes Selbstgefühl und halten sich für supergut (was ja im Vergleich zur Zeit vorher, wo alles eher zufällig geschah, teilweise auch stimmt), jedoch ohne vorausblickend Gefahren und Gefährdungen zu erkennen bzw. zu kennen. Der Volksmund nennt diese Lebensphase das erste Trotzalter – man könnte diese Zeit aber auch als erste Selbstbehauptungsphase erkennen und benennen. Im ersten Fall „definiert" man das Kind als ungehorsam und negativ, wenn Gehorsam der angestrebte Wert ist. Im zweiten Fall hingegen kann man, vorausgesetzt, man nimmt sich die Zeit für Erklärungen und alternative Verhaltensangebote, erste Formen von Verantwortlichkeit – da steckt das Wort „antworten" drin! – fördern.

Es liegt also an den jeweiligen Erziehungszielen, auf die hin Kinder schon von klein auf trainiert werden: Wenn Stillhalte- und Schweigeappelle nicht ausreichen, um das natürliche Gerechtigkeitsempfinden zu tabuisieren, werden Schimpfnamen, im Klartext Attacken auf das Selbstwertgefühl, eingesetzt, um Unterwerfung zu erzwingen. Später wundern sich dann die so „Disziplinierten" oder ihre Umwelt, wieso die „Verduckmäusten" sich „tot stellen", d. h. wegschauen, wo sie sofort protestieren sollten (oder sich hinter Kamera oder Smartphone verstecken und ihre Dokumentationsvideos auf YouTube platzieren – möglicherweise damit andere stellvertretend aktiv werden sollen – oder aber im Gegenteil ihre Position z. B. der Häme teilen) und Zivilcourage nur von anderen erwarten oder verlangen.

Aber auch von anderen (z. B. auch Medien) angeheftete „Kosenamen" nehmen die Kraft der Eigenbestimmung (denn wenige trauen sich gleich zu protestieren!) und definieren die so angesprochene Person als klein, harmlos, putzig oder sexy (oder als Monster). In meinem (vergriffenen) Buch „Madonna UND Hure" aus dem Jahr 1997 habe ich – damals in Unkenntnis der Usance eines medienpräsenten Wiener Baumeisters, seine jeweiligen Partnerinnen mit Mausi, Bambi, Kolibri, Katzi etc. zu bezeichnen – geschrieben: „Frauen bekommen oft Tiernamen angehängt: findet der Alltagsmann Gefallen, lobt er fesche Hasen, Tauben, Gazellen, Katzen … alles Tiere, die sich entziehen, flüchten, alles Tiere, die mann jagt. Erregt frau aber Missfallen, werden Schlachttiere zitiert: Kühe, Hühner, Säue. Auch Gänse und Enten. (Die Namen der zugehörigen Männchen borgt mann sich allerdings gerne aus: Stier, Hahn und Eber symbolisieren ununterbrochene Potenz.) Hingegen signalisiert der Name Schlange, dass mann solch einer Frau besser ausweicht. Zu gefährlich."[16] (Im Gegensatz dazu erinnere ich mich an einen Möchtegern-Casanova, der alle seine Geliebten und wahrscheinlich auch seine Ehefrau „Cherie" nannte – einerseits um sich in der erotischen Trance nicht zu versprechen, andererseits um sich die Namen nicht merken zu müssen.)

Frauen wurden traditionell zum Dienen erzogen und dementsprechend mit Eigenschaftsworten belobigt, die Selbstaufgabe für andere bedeuteten. So schildert die westfälische Schriftstellerin und Komponistin Annette von Droste-Hülshoff (1797–1848) in ihrem Gedicht „Die beschränkte Frau", wie eine stumm leidende Ehefrau ihrem verständnislos ärgerlichen Gatten anlässlich seines Bankrotts ihre heimlichen Ersparnisse übergibt – „und weinend hielt er sie umfangen".[17] Die gesellschaftlich geforderte Tendenz, weibliche Aufopferung zu glorifizieren, auch wenn der zugehörige Partner sie schlecht behandelt, wird deutlich wahrnehmbar.

Der Geist in der Sprache wurzelt im Denken

Erziehungsziele variieren je nach Zeit und Ort – und nach Geschlecht. Deutlich werden diese Unterschiede gerade jetzt in der Zeit der Neuen Völkerwanderung nach Europa. Dabei wird vergessen, dass auch in Europa erst die Zeit des 20. Jahrhunderts, vor allem in dessen zweiter Hälfte, die schrittweise und hart bekämpfte Befreiung von genau den gleichen hierarchischen Denkweisen brachte.

Geht man in der Geschichte zurück und sucht nach den Ursprüngen „repressiver", also unterdrückender Erziehung, so findet man diese einerseits in den Wirtschafts- und folglich Lebensformen, andererseits in militärischen Erfordernissen begründet. In nomadischen Gesellschaften, wie sie zu Beginn der historischen Überlieferungen aus Vorderasien vorherrschten, war strikte Arbeitsteilung zwischen Kämpfern, männlich, und Zuarbeit vom Stützpunkt (weiblich) funktional – und auch, dass Frauen und Kinder sich nicht zu weit von dort entfernen sollten. Dem zuwiderlaufende Neigungen und Aktionen wurden geahndet und präventiv mit Angstmache verboten. Daraus ergibt sich bereits, dass etwa Neugier als Spähertum für Männer Pflicht war, für Frauen hingegen als Untugend verboten – sie hätten sich ja deshalb aus dem Kontrollraum entfernen mögen. Wenn man aber im Wissenserwerb beschränkt wird, sind Fehlhandlungen und falsche Risikoeinschätzungen logische Folge – und führen oft nur wieder zu Wissensvorenthaltung statt Anleitung, also zu einem klassischen Teufelskreis.

Diese Geisteshaltung, mit Verboten das erwünschte Verhalten erzwingen zu können, findet sich auch heute noch in vielen Familien. Ich nenne es das „Dornröschen-Prinzip": zu glauben, wenn man alle Spindeln verbietet, könne sich niemand an ihnen verletzen – anstatt den achtsamen Umgang mit dem Instrument zu lehren. (Gilt übrigens für alle Waffen! Wobei nicht vergessen werden soll, dass man vermutlich alles zur Waffe umfunktionieren kann.)

Es liegt an den Eltern, Lehrkräften und sonstigen Miterziehern – und zu denen zählen heute vor allem die audio-visuellen Medien! –, Vorbilder für das erwünschte Verhalten zu liefern und zu erklären, auf welche Weise sich ein Kind geradlinig emporentwickeln darf (damit es sich nicht andernfalls verkrümmt oder gar verkümmern muss). Durch Verbote lernt man nichts. Sehr treffend schrieb die polnisch-schweizerische Psychologin Alice Miller (1923–2010): „Wenn man einem Kind Moral predigt, lernt es Moral predigen, wenn man es warnt, lernt es warnen, wenn man mit ihm schimpft, lernt es schimpfen, wenn man es auslacht, lernt es auslachen, wenn man es demütigt, lernt es demütigen, wenn man seine Seele tötet, lernt es töten. Es hat dann nur die Wahl, ob sich selbst oder die anderen oder beides."[18] Dazu erinnere ich noch an den sozialkritischen deutschen Psychoanalytiker Horst-Eberhard Richter (1923–2011), der betonte: „Wenn Eltern ihren Kindern immer wieder predigen, aufrecht und wahrhaftig durchs Leben zu gehen, während sie selbst ohne Anschein von Zweifel und Leiden ihre Fähnchen häufig nach dem Wind hängen, so reproduzieren sie natürlich nur den weitverbreiteten Widerspruch zwischen Schein und Sein. Andererseits sind Eltern hilfreich, die ihren Kindern deutlich zeigen, wieviel Mühe und gegebenenfalls auch Angst es ihnen macht, sich gegen irgendwelche ihnen zugemuteten Zwänge zu wehren, die sie als ungerecht erleben."[19]

Meist war – und ist es oft noch immer – Angst, oder positiv formuliert, Sorge um das Wohlergehen derer, die einem wichtig sind, weswegen man ihnen Verhaltensvorschriften gibt, damit sie möglichst nicht unangenehm auffallen und man sich „fremdschämen" müsste. Und meist behindern diese Gebote und Verbote deren aufrechte (und aufrichtige) Entwicklung. Zu diesen gehörten bis vor gar nicht so langer Zeit etwa Appelle, sich gegenüber „Höheren" höflich, sprich widerstandslos, zu geben; dies öffnete der sexuellen Ausbeutung durch beispielsweise vermietende Hausbesitzer, Lehrherren und andere „ehrwürdige" Herren Tür und Tor. Die komplementäre Entsprechung dazu besteht in der Scham, dass man bzw. frau in solch eine ausweglose Situation gekommen ist und in der Sorge, den Eltern Kummer zu bereiten (oder deren Zorn auszulösen).

Es gibt aber auch andere Motive wie den sogenannten Wiederholungszwang. Darunter versteht man, anderen genau das anzutun, was einem selbst angetan worden war. Bekannt sind die Verteidigungssätze für die „gesunde Watsche" wie „Hat's mir nicht geschadet, wird's auch dir nicht schaden!" Dabei beweist genau diese mangelnde Sensibilität für den Schmerz des unwissenden Kindes den vorhandenen Schaden an der eigenen Seele der Gewalttätigen. Wieder ein anderes Motiv ist unbewusster Neid auf andere, jüngere, die es besser haben als man es selbst einmal hatte. Diese Geisteshaltung zeigt sich in Sätzen wie „Wir durften/konnten auch nicht …" – wohlbekannt vielen Mädchen, die ihre Teenagerzeit in den 1950er Jahren erlebten und entsprechend der Musik und dem Product Placement in den damaligen US-Filmen („April entdeckt die Liebe") Rock'n Roll tanzen, Lippenstift benutzen und „Dates" haben wollten, aber am Widerstand gestrenger NS-sozialisierter Eltern („Weg mit der Negermusik!" und „Die deutsche Frau schminkt sich nicht!") scheiterten. So wurden sie aber nur zu Heimlichkeiten erzogen – und wenn jemand etwas verbergen muss, soll oder auch will, verändert sich die Körperhaltung und der Blick. Man verbraucht Lebenskraft für das unfreiwillige wie auch für das freiwillige Zurückhalten – vor allem, wenn dieser Energieaufwand lang andauert.

Zum Rückblick in die Familiengeschichte

Man braucht nur in die Vergangenheit zurückrechnen: Lässt man die Erziehungsziele der Monarchie und die aufkeimenden revolutionären oder nationalen Widerstandsbewegungen außer Acht, so zeigt der Rückblick auf die Denkweisen der eigenen Großeltern und Eltern, dass die Geburtsjahrgänge der 1920er Jahre in den 1930er Jahren in die Schule kamen und dementsprechend mit der damals staatlich vorherrschenden Bildungspolitik sozialisiert wurden – sofern nicht im Elternhaus oder in Jugendgruppen gegenteilige Ideologien weiter vermittelt wurden. Auch wenn diese Generation heute vielfach als die Unterstützer oder Opfer – je nachdem, wie man sie im Machtgefälle einordnen will – der nationalsozialistischen Propaganda gesehen werden, wurden sie jedenfalls durch den Zweiten Weltkrieg mit all seinen – verharmlosend formuliert – Beschwernissen und Befürchtungen, die sich auch auf die Zivilgesellschaft ausweiteten, traumatisiert. (In der psychotherapeutischen Fachliteratur[20] erweisen sich diese Traumatisierungen erst seit den späten 1990er Jahren als Forschungsgegenstand – zu lange war es den damals um ihr Überleben ringenden Menschen nicht möglich, über diese Schrecken zu sprechen und sich mit den verleugneten seelischen Folgeschäden zu konfrontieren.)

Es wurde dieser Generation nicht leicht gemacht, ihre eigene Position im totalitären NS-Staat aus einer humanistischen Perspektive kritisch zu überdenken. Sich aufzurichten statt unterwürfig mit Hoffnung auf Aufstieg anzupassen, wurde bald unterschwellig als gleichbedeutend mit Gefangenschaft, Folter und Tötung bekannt.

Die Großmutter einer Bezirksratskollegin wurde mit kaum 50 Jahren geisteskrank, nachdem sie auch ihren dritten Sohn „auf dem Feld der Ehre" für den Führer opfern „durfte". Vermutlich kein Einzelfall.
Auf der von zwei Kanonen umrahmten Gedenksäule in meinem Wohnort steht die Widmung „Den Helden der Kriege". Sollte es nicht besser „Opfern" heißen?

Aus der Sicht des damaligen Regimes war die individuelle wie auch kollektive Aufopferung Pflicht und Ehre und versprach Belobigung und Ruhm. Dem entsprach auch die NS-Bevölkerungspolitik, nach der laut dem Führer jede deutsche Frau „ein Kind an der Hand, eines auf dem Arm, eines im Kinderwagen und eines unter dem Herzen"[21] haben sollte. Abtreibung oder Homosexualität standen dem Ziel der Vermehrung des deutschen Volkes diametral entgegen – der Führer brauchte ja Soldaten und Verwaltungsbeamte für die besetzten Gebiete – und wurden daher als Kapitalverbrechen verfolgt und bestraft.

Als Urquelle dienten – und dienen auch heute – den Befürwortern dieser Kriminalisierungen die Worte Gottes im 1. Buch Mose 1,28: „Seid fruchtbar und mehret euch …" Diesen Vers kann man, wie ich in meiner theologischen Masterarbeit[22] aufgezeigt habe, aber auch als „Seid kreativ und fördert einander …" übersetzen. Ähnlich kann man auch Adam und Eva nicht nur als Prototyp eines Ehepaares – das wäre nur *eine* Variation – sondern als Prototyp für alle Männer und alle Frauen verstehen. Oder dass, wie bereits Martin Luther (1483–1546) oder der in Wien geborene jüdische Religionswissenschaftler Pinchas Lapide (1922–1997) aufgezeigt haben, Eva nicht aus der „Rippe" (das wäre nur eine Übersetzungsmöglichkeit des hebräischen Wortes „zelah") entnommen wurde, sondern – andere, stimmigere Übersetzung – von der ganzen „Seite" des Urmenschen, des „Erdlings" Adam (adamah heißt Erde) also „halbe-halbe" geteilt wurde.[23]

Übersetzungen beinhalten immer die zeitgeistige Sicht der Übersetzenden[24] – und die Originaltexte auch. Daher lohnt sich die Frage, was jeweils „weggeflucht" werden soll – beispielsweise Frauen als gleichberechtigte Partnerinnen oder Männer als ebenso empfindsame Geistwesen (und nicht nur Kampf- oder Sexmaschinen).

Nicht Fluch, sondern Warnung!

Das Alte Testament wird auch oft berufen, um im Gefolge von 1 Mose 3, 16 („Und dein Verlangen soll nach deinem Mann sein, aber er soll dein Herr sein" – aber „soll" kann man auch mit „wird" übersetzen!) männliche Vorherrschaft zu begründen. Dabei verweist der Begriff „Verlangen" auf sexuelles Begehren – und dass da Frauen nichts bewirken können, wenn der Mann nicht will, sollte allgemein bekannt sein! Es geht nur um die hierarchische Festlegung der Unterordnung von Frauen unter ihren bzw. einen Mann (Vater, Bruder, Onkel oder wer immer sich sonst als nötiger „Beschützer" behauptet) oder aller Frauen unter alle Männer zu begründen. Damit wird die Warnung Gottes – wenn man Gott trotz des Verbots, sich kein Bild zu machen, als Person denken will[25] – zu einem Fluch umgedeutet, dabei findet hier aber eigentlich eine Vorhersage statt.

Das Festhalten an den vielfältigen Bemühungen, vor allem Frauen daran zu hindern sich aufzurichten und psychosozial gleichgestellt leben zu dürfen, zeigt sich an einem im Juni 2019 veröffentlichten Schreiben des Vatikan an katholische Lehrer, Eltern, Schüler und Geistliche mit dem Ziel, den „Bildungsnotstand" bei der sexuellen Aufklärung zu lindern, heißt es in der österreichischen Tageszeitung KURIER, nachdem „Annahmen, dass Grenzen zwischen den Geschlechtern fließend seien," Symptome eines „konfusen Konzepts der Freiheit" seien, denn die Gendertheorie sei eine „Ideologie, die den Unterschied in der Natur eines Mannes und einer Frau leugnet und eine Gesellschaft ohne geschlechtliche Unterschiede vorsieht und somit die anthropologische Grundlage der Familie eliminiert".[26]

Auffallend ist dabei die Verwendung des Wortes „konfus" – eine gezielte Abwertung der jahrzehntelangen Ergebnisse der Genderforschung. Allerdings deuten die kurzen Inhalte des Berichts darauf hin, dass die Verfasser des zitierten Dokuments nur oberflächliche Informationen über die Erkenntnisse der Genderforschung hatten! Diese unterscheidet nämlich das (auch nicht immer klar) sichtbare „biologische" Geschlecht mit seinen mehreren Komponenten und Variationen vom „sozialen", also dem anerzogenen Geschlecht – was man schon an den historischen Veränderungen wie auch regionalen kulturellen Unterschieden merken kann, vorausgesetzt, man will das überhaupt wahrnehmen. So gibt es Kulturen, die mehr als ein Geschlecht benennen, beispielsweise die Hijra (Eunuchen, Intersexuelle oder Transgenderpersonen) in Indien oder die Two-Spirit (früher – heute als politisch inkorrekt bewertet – Berdache bezeichnet) bei den indigenen Völkern Nordamerikas.

Es liegt an den jeweiligen Gesetzen, wer wem und wessen Blickwinkel (und der ist immer einer von mehreren) unterworfen und damit klein gehalten wird, man braucht bloß an die Sklaverei zu denken oder an rassistische, sexistische oder ageistische (d. h. bestimmte Altersklassen, z. B. Kinder und Jugendliche, betreffende) Ideologien.

Ähnliche Missverständnisse werden anscheinend auch absichtlich gegenüber institutionellen Vorhaben von Gender Mainstreaming multipliziert. In Wirklichkeit geht es dabei primär um Achtsamkeit darauf, dass es zu keiner Benachteiligung eines Geschlechts gegenüber einem anderen kommt. Das betrifft Männer ebenso wie Frauen, wird aber gerne als reine Frauenförderung dargestellt, um Männer zu provozieren, Frauen nicht „hochkommen" zu lassen, um danach zu beweisen, dass die Superkarrieren eben keiner Frau gelängen.

Unterwerfungsstrategien
Es gibt offene Unterwerfungsstrategien: Drohungen, Erpressungen, körperliche, seelische, sexuelle, aber auch finanzielle Gewalt. Nicht so offen sind die Formen geistiger, d. h. mentaler Gewalt. Sie besteht im Vorenthalten anderer, tabuisierter Sichtweisen bzw. Informationen (man denke nur an den Index Librorum Prohibitorum – das Verzeichnis verbotener Bücher, deren Lektüre als schwere Sünde galt und der, 1559 von der Katholischen Kirche angelegt, erst nach dem Zweiten Vatikanischen Konzil Mitte der 1960er Jahre abgeschafft wurde) wie auch umgekehrt in der Praxis genehme Denkweisen zu indoktrinieren, wie es in Diktaturen üblich ist.

Es gibt aber auch „geheime Lehrbücher", nämlich ungeschriebene, die sich aus Vorbildern, Werbung und Imitation speisen und vielfach lange Zeit Aufrichtung zur eigenen Persönlichkeit und eigenen selbstbestimmten Verhaltensweisen blockieren. Meist liegt ihr verborgener Sinn darin, Widerstand, Mut aber auch Wut und Zornaktionen zu unterbinden (besonders bei den Menschen, die ungerecht oder auch nur verletzend behandelt werden, vor allem Frauen).

Mit dem Hinweis auf Werbung beziehe ich mich aber nicht nur auf die allgegenwärtigen Plakate. Werbung will auch die fremdansteckende Wirkung von Lob nutzen: Die gezielte Taktik routinierter „Verführer", mit Schmeichelworten Vernunft und Widerstand zum Erliegen zu bringen, wird nach einigen in den Wind geschlagenen Warnungen meist doch erkannt und abgewehrt. Bei den unterschwelligen Werbungen in literarischen Produkten – wozu man auch sehr „schlichte" Schlagertexte und die Drehbücher der TV-Romanzen (der „rosaroten" Pseudo-Pornos für Frauen, wie sie der italienische Soziologieprofessor Francesco Alberoni, *1929, bezeichnet[27]) rechnen sollte – wird den überwiegend weiblichen Konsumenten nicht nur für Beziehungsverhalten ein „Erfolgsprogramm" für Dauerglück vorgespielt, sondern auch für Aussehen und Zielsetzungen.

Körperstrategien

Am Anfang war der Körper. Er entwickelt sich, wenn er trainiert wird – je nachdem, ob auf Kraft (männlich) oder auf Schönheit (weiblich) – was auch immer die jeweilige Kultur darunter versteht: Rubens oder Twiggy[28], 100 Kilo oder 45). Oder auf Beweglichkeit: mit von klein auf zur Riststreckung eingebundenen Füßchen wie im alten China kann frau nicht gehen, geschweige denn (weg)laufen, und mit High Heels, die den gleichen Effekt simulieren, auch nicht.

Ähnlich wirkt das Einsperren von Frauen, Mädchen, Kindern[29]. Oder das Feeding – das Zwangsfüttern, bis die Frau nicht mehr ausgehen kann, weil sie zu dick ist (eine Form von Fetischismus) –, bei dem die beteiligten Frauen, betört und „um der Liebe willen", ihre Wahrnehmung ausblenden und erst zu spät darauf kommen, was da wirklich mit ihnen geschieht.

Besonders gefährdet sind diejenigen Frauen, die schon als Kinder als „Dickerln" verspottet wurden und sich endlich trotz oder wegen ihres Übergewichts geliebt fühlen können – ohne zu ahnen, dass sie damit für Personen attraktiv werden, die als Kinder gegen ihren Willen gefüttert wurden, weil die Pseudolehre ihrer Erziehergeneration „rund ist gesund" hieß, aber die stammte aus den Kriegshungerjahren des Ersten oder Zweiten Weltkriegs und war auch nur Illusion. Ähnliches kann man heute in den Hungergebieten Afrikas beobachten: Es geht vor allem um Signale, mit denen sich „Bessergestellte" von der weniger bemittelten Bevölkerung abheben.

Bei Knaben und Männern geht es weniger darum, sie radikal klein zu halten, sondern sie zur duldsamen Einordnung in eine Hierarchie zu motivieren und ihnen die Notwendigkeit des Hinaufdienens, Betonung auf Dienen, einzureden. Das entspricht dem militärischen und paramilitärischen Rangwesen, den Rangordnungen im Sport, aber ebenso den Beamtendienstgraden. Auch in traditionellen Familien verlangt der Patriarch von den Söhnen Unterordnung unter seinen Willen (und von den Frauen sowieso).

Dieser Machtvollkommenheit entsprach auch der erst 1976/77 aufgehobene § 91 des Allgemeinen Bürgerlichen Gesetzbuch aus 1811, der lautete: „Der Mann ist das Haupt der Familie. In dieser Eigenschaft steht ihm vorzüglich das Recht zu, das Hauswesen zu leiten; es liegt ihm aber auch die Verbindlichkeit ob, der Ehegattin nach seinem Vermögen den anständigen Unterhalt zu verschaffen, und sie in allen Vorfällen zu vertreten." Nachfolgend hieß es in § 92: „Die Gattin erhält den Namen des Mannes [und genießt die Rechte seines Standes]. Sie ist verbunden, dem Manne in seinen Wohnsitz zu folgen, in der Haushaltung und Erwerbung nach Kräften beizustehen, und soweit es die häusliche Ordnung erfordert, die von ihm getroffenen Maßregeln sowohl selbst zu befolgen, als befolgen zu machen." Heute lautet der neue Paragraph des nunmehr „partnerschaftlichen" Familienrechts: „Die Ehegatten sollen ihre eheliche Lebensgemeinschaft, besonders die Haushaltsführung, die Erwerbstätigkeit, die Leistung des Beistands und die Obsorge unter Rücksichtnahme aufeinander und auf das Wohl der Kinder mit dem Ziel voller Ausgewogenheit ihrer Beiträge einvernehmlich gestalten."

Auch wenn diese den tatsächlichen Verhältnissen angepassten Gesetzesbestimmungen bereits über 40 Jahre alt sind, bestehen nach wie vor viele Männer auf den alten „patriarchalen" Vorrechten von „Herr"schaft, allerdings ohne sich an die auch heute noch geltenden Verpflichtungen zu Unterhalt und anständigem Umgang zu halten. Aber auch in anderen Angelegenheiten beanspruchen Patriarchen dieser Generation (und alle, die sich Verhalten von ihnen abgeschaut haben und sie unkritisch imitieren) von vornherein Privilegien, anstatt partnerschaftlich Verträge zu schließen (wobei auch da Übervorteilung nicht ausgeschlossen werden kann – sie ist aber zumindest nachweisbar).

So beklagte sich ein ehemaliger Firmengründer, der sein Unternehmen anlässlich der Erreichung des Pensionsalters an seinen Sohn übergeben und sich nur einen kleinen Teilbereich behalten hatte, dass er die dafür nötigen Materialien von diesem zum üblichen Verkehrspreis kaufen müsse und keinerlei Sonderkonditionen bekomme, „wo er doch alles aufgebaut habe". Ich formulierte daraufhin sinnig, er habe eben auch seinen Sohn zu einem guten Händler „aufgebaut", der den vom Vater her gewohnten Firmenerfolg nicht mit Freundschaftspreisen gefährden wolle. Da musste der Vater lachen und sein Unmut war verflogen.

Zeit und Raum

Zu den Körperstrategien zählt auch der Umgang mit Zeit: Leute warten zu lassen oder sie zu hetzen, beispielsweise durch so schnelles Reden, dass man nicht mitdenken, geschweige denn mitfühlen kann (und vielleicht ja auch gar nicht soll). Rechtsanwälte nutzen diesen Stil – angeblich, um die kostbare Zeit der Richterschaft nicht überzustrapazieren, tatsächlich aber, um der Gegnerschaft Stress zu bereiten und Fehler zu induzieren. Die meisten Menschen passen sich unbewusst diesem Tempo an; ich erinnere dann meine Klient*innen immer: „Sie sind nicht mehr in der Grundschule und müssen das ‚Einmaleins‘ rasant heruntersagen können!", und „Sie dürfen ruhig sagen: ‚Bitte lassen Sie mich in Ruhe meine Antwort finden!' – Die Suggestivworte sind ‚in Ruhe'! Die gehören auch sprachlich betont."

Zur traditionellen Form, Unterwerfung dadurch zu erzwingen, dass man der anderen Person Raum nimmt bzw. ihr Revier verletzt, zählen vor allem unerbetene Berührungen.

So beforschte die US-amerikanische Psychologieprofessorin Nancy M. Henley (1934–2016) das gegenseitige Berührungsverhalten von Männern und Frauen und stellte fest: „Trotz der umfangreichen Literatur, die die Psychologie über solche Gegenstände wie Leistungsmotivation, sexuelle Unterdrückung, Geburtenrang hervorgebracht hat, finden wir sehr wenig Hinweise, die uns helfen, die psychischen Auswirkungen von Klassenzugehörigkeit zu verstehen – die Details sozialer Herrschaft, das Netz der Mechanismen, mit der sich Geschlechtsprivilegien durchsetzen."[30] Meine Beobachtung, aber auch persönliche Erfahrung ist, dass es zwar manchmal gezielt um Klassenprivilegien oder Geschlechtsbevorzugungen handelt, wenn Menschen und insbesondere Frauen Zugang oder „anständige Begegnung" – dazu zähle ich Verzicht auf unerwünschte Berührungen – verweigert wird. Aber immer handelt es sich auch um einen Dominanzanspruch einer Person gegenüber der anderen, und der wird mit Mimik (überheblicher Blick), Gestik („manspreading" – das breitbeinige Sitzen über zwei Sitze hinweg) und Reviereinschränkungen (z. B. jemandem sein eigenes gebrauchtes Geschirr in dessen Revier zu schieben oder den eigenen Aktenkoffer ohne zu fragen auf den Schreibtisch zu platzieren etc.) und körperliches Angreifen (im Doppelsinn des Wortes) inszeniert – und wenn der oder die andere sich nicht wehrt, haben Dominus oder Domina schon gewonnen.

Henley berichtet von Untersuchungen, wonach Frauen, die „in den unteren Bereichen der Dominanzskala rangierten", sich gehemmt fühlten, jemand anderen zu berühren, selbst wenn diese Person das schon bei ihr getan hatte und auch die Situation danach war, während hoch rangierende Männer angaben, solche Hemmungen nie zu fühlen (aus meiner Sicht wieder auf Erziehungsstile rückführbar!). Sie schreibt daher: „Dominanz als Persönlichkeitsmerkmal steht also gleicherweise in Zusammenhang mit der Neigung, zu berühren." Und schließt weiter: „Dominanz spielt also in vielerlei Hinsicht eine Rolle: als Merkmal von Beziehungen, als Dimension von Situationen, an denen Unausgewogenheit beteiligt ist, und als die persönliche Tendenz, Dominanz zu gewinnen oder auszuüben."[31]

> Wer eine unerwünschte Berührung duldet, hält still. Er oder sie verzichtet auf Bewegung und stoppt den Lebensfluss, denn Leben ist immer Bewegung (denken wir nur ans Atmen) und Voraussetzung für Anpassung. Anpassung heißt aber nicht Unterwerfung – Anpassung bedeutet, sich der

> jeweiligen Situation angemessen zu verhalten, und daher kann Anpassung auch in Protest oder Widerstand bestehen – und in diesem Begriff stecken die Worte „stehen" (nicht knien oder liegen) und „wider" (als gegen etwas oder jemand) drinnen.

Protest

Oft genügt es, sich zu voller Größe aufzurichten, um die Botschaft zu vermitteln, dass sich der Greifer – die Greiferin – danebenbenommen hat. Oft muss man aber deutliche Worte finden, um der anderen Person oder auch Gruppe aufzuzeigen, wo die Grenze ist, die nicht überschritten werden soll. Und wenn es sehr schnell geht – wenn man selbst attackiert wird –, muss man sich körperlich verteidigen, und auch das muss man lernen, d. h. als Kompetenz körperlich einüben und somit neuronal verankern.

Als ich mich im Alter von 73 Jahren knapp vor meinem Vortragstermin bei einer Festveranstaltung kurz auf den ersten freien Platz beim Eingang setzen wollte, riss mich der daneben sitzende Mann hoch (weil er den Platz frei halten wollte) und stieß mich brutal weg. Im Auspendeln, damit ich nicht zum Sturz käme, gab ich ihm empört einen Backenstreich. (Ich bin geübt in Selbstverteidigung und reagiere reflexartig, wenn ich angegriffen werde.) Daraufhin versetzte er mir eine rechte Gerade auf das linke Auge, sodass ich wie ein Mehlsack zu Boden stürzte, meine Brille verlor und eine Viertelstunde benommen war (und heute noch an den Prellungsfolgen leide).
Der Mann, ein Journalist, wurde von seinem Arbeitgeber sofort suspendiert und ließ bei mir intervenieren, ich möge doch die Anzeige zurückziehen (was bei einem Offizialdelikt gar nicht geht – nur bei Gewalt in der Familie, und das ist dort auch problematisch, weil

damit die Gewalttätigkeit bei Anzeigerücknahme keine Folgen hat). Einen Monat später kam dann seine Retourkutsche: ohne beim Arzt gewesen zu sein oder im Spital so wie ich (aber dafür beim Rechtsanwalt), behauptete er, drei Tage Schmerzen gehabt zu haben und zeigte mich an. Der langen Rede kurzer Sinn: Ich habe der von der Richterin vorgeschlagenen Diversion zugestimmt – nicht, um eine unendliche Geschichte zu stoppen (das ist sie, weil außerhalb meiner Macht, leider noch immer, nämlich als Arbeitsgerichtsprozess, in dem immer wieder ärztliche Untersuchungen von mir gefordert werden, was jedes Mal Retraumatisierung auslöst), sondern weil ich mich nicht klein machen lassen wollte, d. h. selbstbestimmt Verantwortung für meinen Teil an dem Eklat tragen, denn: Ich hätte, als der Mann mich wegstieß, ja auch laut schreien können „Rühren Sie mich nicht an!" – aber mein eintrainierter körperlicher Reflex war stärker.

Der Sportwissenschaftler und Selbstverteidigungstrainer Haris Janisch, den ich damals um seine Bewertung bat, sagte mir dazu, meine Reaktion sei die natürliche: Wer in die persönliche Distanz eines Anderen – Länge des ausgestreckten Armes bzw. Beines – eindringt, wird reflexartig abgewehrt, außer diese natürliche Reaktion wurde aberzogen.

Meine vielfache Erfahrung ist: Wenn ich – beispielsweise in einer Warteschlange angestellt oder nach einem Vortrag – von Fremden berührt werde, sage: „Rühren Sie mich nicht an!", streiten diese die Berührung glatt ab. Offensichtlich haben sie ihre Hände nicht unter Kontrolle oder sie wollen nicht respektieren, wenn man ihnen Grenzen setzt. Manchmal helfen „Zaubersprüche": Damit meine ich wissenschaftlich erforschte hilfreiche Formulierungen wie das „Du-Ich-Bitte-Modell"[32]. Aber solche Kraftworte wirken nur, wenn man sie in voller Kraft ausspricht – und „voll" bzw. „ganz" bedeutet, Stärke und Schwäche in Balance, nicht nur als einseitiger Kraftaufwand.

Und: Zaubersprüche können wiederum Flüche, Schadzauber bedeuten oder Segen, Heilzauber. In letzterem Fall ist es die Beziehung, die geheilt wird.

Zaubersprüche

Eine weitere Unterwerfungsstrategie besteht im Verwenden von Fachsprachen.

„Worte waren ursprünglich Zauber, und das Wort hat noch heute viel von seiner Zauberkraft bewahrt. Durch Worte kann ein Mensch den anderen selig machen oder zur Verzweiflung treiben …", formulierte Sigmund Freud.[33]

Zum Verzweifeln bringt man einen Menschen, indem man in einer Weise spricht, dass er oder sie einen nicht verstehen kann. Damit meine ich nicht nur fremde Sprachen. Die meisten Menschen kennen Ähnliches aus der Familie, wenn über drei Zimmer hinweg gesprochen wird oder während Wasser in den Spülstein rinnt. (Dann erkennt man vielleicht auch, wie es Schwerhörigen geht und wird mitfühlender den alten Anverwandten gegenüber.) Oder indem man gar nicht spricht – also die Antwort verweigert oder bereits den Gruß der Begegnung.

Zaubersprüche wurden in Geheimsprachen ausgedrückt, wobei es der „gewollte Sinn" gleich einem wohlgezielten Pfeil ist, der die Wirkung hervorrufen soll. Voraussetzung dazu ist, dass sich der oder die „Eingeweihte" in einem besonderen Konzentrationszustand befindet. Ähnliches erlebten die heilenden Apostel und ihre Nachfahren, wenn der „Heilige Geist" in sie einfuhr. Wollten sie diesen „spiritus" weitergeben, wie etwa im Gottesdienst, verwendeten sie Latein als „Fachsprache" – und ebenso die universitär ausgebildeten Ärzte des Mittelalters, die sich so gegenüber den „Badern" abgrenzten.

Auch wenn heute Rechtsgelehrte nicht mehr Latein sprechen, bleibt das sogenannte Juristendeutsch doch für viele Menschen unverständlich. Das sollte wohl auch so sein, um hinreichend Verwirrung zu stiften, damit Laien den Experten blind vertrauen müssen – und sich nicht durch kritisches Mitdenken vor Manipulationen schützen. In meiner allerersten Vorlesung – „Einführung in das juristische Denken" – zitierte der damals jüngste ordentliche Universitätsprofessor Günther Winkler (*1929) einen Rat Johann Wolfgang Goethes, der ja auch Jurist war, an seine Berufskollegen: „Im Auslegen seid frisch und munter – legt ihr's nicht aus, so legt was unter!"[34]

Ich kann mich noch gut an eine heftige Diskussion mit meinem dominanten Vater, einem Germanisten und Anglisten, erinnern, als ich als junge Jura-Studentin von der „Amortisation (Tilgung einer Schuld) von Wertpapieren" berichtete und er mir in ziemlich demütigender Weise widersprach: Er kannte den Begriff Amortisation nur im Zusammenhang von Gewinn bei Investitionen und wollte seine Dominanz auch in fremden Kompetenzgebieten behaupten. „Mansplaining" nennt man das heute, nur gab er sich nicht herablassend besserwisserisch, sondern setzte massiven Zorn ein, um mich in Schranken zu weisen.

Aber auch die amerikanisierte „Business Language" dient dazu, Unbewanderte in schamerfülltes Schweigen zu versetzen – und ebenso verfügen Psychologie und Psychotherapie über ihre Fachausdrücke. Der positive Zweck dabei liegt im Versuch, rivalisierenden Widerstand und damit Zeit- und Autoritätsverlust zu vermeiden, der negative im geheimen innerseelischen Zwang, eine „monotheistische Super-Elternfigur"[35] abgeben zu wollen. Potenziellen Klient*innen rate ich daher, aufrecht und aufrichtig und ohne Aggression nachzufragen: „Der Begriff ist mir unbekannt – bitte erklären Sie mir, was Sie meinen!"

Das trifft auch auf die „Politsprache" zu. So erzähle ich gerne von den Trainings, die ich als Nachwuchspolitikerin in den frühen 1970er Jahre absolvierte und in denen uns geraten wurde: Wenn wir in ein Streitgespräch mit ungebildeteren Menschen geraten seien, sollten wir möglichst „Soziologendeutsch" sprechen – und das mussten wir im Sprachlabor auch üben und wurden dabei stichprobenartig von dem anleitenden Psychologen kontrolliert.

Mit großem Amüsement las ich Jahrzehnte später „Das automatische Schnellformulierungssystem. Ein Evaluationsvademekum" von Udo Schüler, einem emeritierten Universitätsprofessor an der Fakultät für Maschinenbau der Universität Dortmund, in dem er jeweils neun Fremdworte in drei Spalten nebeneinander stellt (z. B. 1. konzentrierte, integrierte, permanente usw. zu 2. Führungs-, Organisations-, Identifikations- usw. und letztlich 3. -struktur, -flexibilität, -ebene usw.), die wahllos und beliebig miteinander verbunden werden können, was „praktisch jedem Bericht eine entscheidende von Fachwissen geprägte Autorität verleiht".[36] „Die Anwendbarkeit der vorgeschlagenen Methode zur Erstellung von Gutachten hat er in mehreren Evaluationsverfahren nachgewiesen."[37]

Demgegenüber wurden wir in der Parteischulung belehrt: Sollten wir mit gebildeteren Personen zu tun haben, sollten wir möglichst ordinär sprechen, denn das würde diese schockieren und „mundtot" machen. Funktioniert leider umgekehrt auch …

Manche Personen brauchen aber keine Schulung, um bei Bedarf ordinär zu sprechen. So mailte mir einmal eine Freundin, AHS-Professorin, ein Erlebnis von einer Flugreise: „Der maltesische Steward sagt ‚Tschüss!' und der Idiot vor mir sagt zu ihm: ‚Nix tschüss, du! Wir san da nit bei de Piefke, sondern in Österreich, heast!' Ich schäme mich fremd für meinen Landsmann und sage zu ihm: ‚Sie sind urpeinlich!' Worauf er wiederholt, ‚Wir san da in Österreich!', und ich sage, ‚Ja, und Sie sind ein urpeinlicher Österreicher!' Ich denke mir, was soll's, und überhole den Typ schnellen Schritts, damit ich aus seinem negativen Energiefeld rauskomme. Ich passiere einen weiteren alten Wappler, der mir plötzlich auf den Hintern grapscht, er greift richtig herzhaft zu! Ich glaub, ich bin im falschen Film und reagier instinktiv binnen Sekunden, indem ich ihm mit der flachen Hand mit voller Kraft auf den Hintern hau! Es klatscht richtig schön und ich rufe: ‚Ich glaub, ich spinne! Ihr Mann hat mir gerade auf den Hintern gegrapscht!' zu seiner Frau neben ihm. Die schaut nur blöd so wie er, er murmelt etwas von ‚Ich wollte Ihnen nur den Weg weisen!' Sehr kreative Art, das zu tun. In meinem Kopf rattert es, wie ich den Typ am meisten treffen könnte. Mit der Nachricht an seine Frau bin ich schon sehr zufrieden. Dann fällt mir ein: Social Shaming! Ich sollte es laut ausrufen, damit es möglichst viele andere Passagiere hören, dass er ein sexueller Belästiger ist. Leider sind keine anderen Passagiere mehr in Sichtweite, also rufe ich ihm nochmal nach: ‚Ich könnte Sie anzeigen, Sie Wixer!' und zeige den Stinkefinger."

Welchen Stil manfrau[38] wählt, ist letztlich auch eine ethische Entscheidung – es liegt ja in der Zukunft, welche Reaktion darauf folgt. Aber es ist jedenfalls eine Reaktion der Selbstaufrichtung gegenüber der Erwartung des Schamschweigens.

Zotensprache wird vor allem gegenüber Personen angewandt, die Wert auf Anstand, Benehmen und auch schützende Distanz legen und denen man damit vermittelt, dass man nichts von ihnen hält; das ist eine gezielte Attacke auf die Selbstachtung, oft auch als erhoffte Provokation von folgendem Fehlverhalten[39], das die Täter in der Position der Überlegenheit bestätigt. Zu Ende der zweiten Dekade des 21. Jahrhunderts häufen sich solche Eklats gegenüber Lehrkräften – worauf ich bereits Mitte der ersten Dekade hingewiesen hatte[40] und als Folge davon meine Methode PROvokativpädagogik (PRO groß geschrieben, weil PROsozial gemeint) entwickelt habe. PROvokativpädagogisch gilt es, anders zu reagieren als es dem geistigen Film der Dominanzsüchtigen entspricht – entweder mit Humor oder mit sehr großer Ernsthaftigkeit.

Zotige Sprache ist aber auch eine Form von sexueller Belästigung, und zwar nicht nur von Frauen, das wissen alle, die beispielsweise als Schwuchtel „geneckt" werden.

Mir hat sehr imponiert, dass ein junger, nicht geouteter homosexueller Gärtner, dem von seinen Kollegen tagtäglich erotische Bilder von Frauen samt indiskreten Fragen aufgedrängt wurden, den Mut hatte, seinen Vorgesetzten vor versammelter Mannschaft aufzufordern, seine Fürsorgepflicht als Arbeitgeber wahrzunehmen und dieses Mobbing abzustellen – was dieser sofort auch mit einer klare Absage tat.

Auch wenn noch so oft behauptet wird, alles wäre nur als Spaß oder gar Kompliment gemeint, ist es dennoch ein klarer Dominanztest: So wie beim Besuch eines anderen Hundes in Minutenschnelle klar wird, wer Top Dog und wer Under Dog ist, also den Fressnapf in Beschlag nimmt oder verteidigt, genügen oft Blicke, um die andere Person zum Rückzug oder zur Unterwerfung zu bewegen. Aber besser ist immer die klare Rede.

So wurde ich in der Diskussion nach einem meiner Vorträge zum Schutz der Kinder vor sexueller Ausbeutung vor dem Elternverein einer Wiener Volksschule von einem Vater gefragt, wie man sich in dieser Situation verhalten solle: Er war zu Besuch bei der Familie einer Klassenkollegin seiner Tochter, und deren Vater sagte stolz über seine Tochter: „Sie bekommt schon Titten – komm, mach frei und zeig her!" Das Mädchen habe sich verlegen gewunden, ergänzte der Fragende, aber gehorcht. Ich fragte damals zurück: „Und wie haben Sie sich dabei gefühlt?" „Na schlecht!", sagte er. Und genau das wäre die Antwort, erklärte ich: „Mir wird ganz schlecht, wenn Sie Ihre Tochter zum Striptease auffordern!" oder, ebenso aufrichtig: „Ich finde es nicht richtig, dass Sie Ihre Tochter zur Entblößung auffordern!"

Viele Mädchen und Frauen krümmen sich in Ihrer Jugend, um ihren Busen vor lüsternen oder auch nur neugierigen Blicken zu verstecken. Diese Haltung kann chronisch werden.

Jede Blickrichtung verändert die Weltsicht – und die Haltung. Gekrümmt sieht man Nahestehende größer (und sich selbst im Verhältnis kleiner) als sie sind.

3. Blickrichtungen
Zu den Körperhaltungen, an denen man das Spannungsfeld von Klein zu Groß erkennen kann.

— … schau Schatzi, tua da nix au
du hast hoid glaubt, du bist so schlau
owa Schatzi, Gott sei Lob und Daunk
so schlau wie du bin i no laung …[41]
Liedtext Georg Danzer

Wenn man die Entwicklungsphasen eines Neugeborenen beobachtet, merkt man, dass zuerst Geruchs- und Geschmackssinn dominieren – wohl wichtig, um Unbekömmliches auszuspucken. Außerdem beschränkt sich die Umwelt noch auf Nahes – das, worauf man liegt, das, was man in den Mund stecken kann, das, woran man sich anlehnt etc. Das, was man greift, ist noch sehr zufällig und dient auch primär der Überprüfung, ob es essbar ist und wohlschmeckend. Und weil der Mund (und die Nase) in dieser Entwicklungsphase das wichtigste Organ sind, heißt sie auch „die orale" (vom lateinischen Wort „os" für Mund).

In dieser Entwicklungsphase wird auch das Geduldverhalten geprägt: Mit zunehmendem Alter kann Monat für Monat die Reaktion auf die (meist durch Schreien) geäußerten Bedürfnisse des Babys einige Minuten hinausgezögert werden – vorausgesetzt, man spricht mit ihm, erklärend und in einem beruhigenden Ton, der Sicherheit gibt. (Funktioniert ja auch bei Haustieren – und auf dem Entwicklungsniveau beginnen Menschen auch.) So entsteht Urvertrauen – und so entsteht auch Resilienz, was beides bedeutet, eine positive Zukunftssicht zu erwerben.

Wird das Baby allerdings noch in fortgeschrittenem Alter auf jeden Pieps hinauf sofort versorgt und womöglich noch überfüttert, entsteht eine Anspruchshaltung, auch später alles „immer und sofort" zu verlangen – und seelisch auszuzucken, wenn man den eigenen Willen nicht durchsetzen kann. Aber es wird nicht gelernt werden, Frustrationen zuerst kurze Zeit und zunehmend länger auszuhalten. Umgekehrt hingegen erwirbt das Baby eine Grundhaltung von Resignation und Misstrauen, wenn es zu lange warten muss oder überhaupt vernachlässigt oder gar vergessen wird. Selbstberuhigung bietet dann oft nur mehr das einzig immer verfügbare Trostmittel – der eigene Daumen. Saugen, nuckeln, lutschen – all das löst die sogenannten Pleasure Rhythmen[42] im Gehirn aus und damit den Effekt, der sich später vor allem durch Rauchen, aber auch Lutschbonbons etc. wieder hervorrufen lässt.

Mit dem Erwerb der Erstsprache beginnt das Hören und damit die Aufforderung zum Horchen und Gehorchen wichtig zu werden. Waren es vorher nur die Töne, die als angenehm (mit „Schnurren") oder schmerzhaft (mit Weinen) zurückgemeldet wurden, erkennt das Kleinkind nun die Zusammenhänge mit seinem eigenen Verhalten – und empfindet bereits Gerechtigkeit oder Ungerechtigkeit.

Aufhorchen macht nun einerseits Sinn, weil das zwei- bis dreijährige Kind schnell davonlaufen, stürzen, in Gefahrenquellen greifen und sich sonst irgendwie körperlich verletzen kann. Andererseits fehlen fast immer kindgerechte Erklärungen und Anleitungen zum Verständnis der Einschränkungen (anstelle der meist überreichen Verbote, Drohungen und Strafen), denn diese Hemmungen und Versagungen führen oft zu psychischen Verletzungen – vor allem, wenn einem Mädchen etwas vorenthalten wird, das Knaben erlaubt wird.

„Sprache existiert nie außerhalb dieser sozialen Gegebenheit.", betonte der Schweizer Sprachwissenschaftler Ferdinand de Saussure (1857–1913)[43] und das bedeutet: innerhalb der der jeweiligen Sozialstruktur der aktuellen Beziehungen. Wir brauchen nur an das Anreden der Eltern („Sie Frau Mutter, Sie Herr Vater") im Bürgertum des 19. Jahrhunderts oder der „Herrschaften" in der dritten Person im Adel („Wünschen Herr Graf zu speisen?") denken! So wurde Respekt bzw. Unterwerfung eingeübt und damit eine Polarität von Oben und Unten, oder wie es in der Gestaltpsychotherapie heißt, von Top Dog zu Under Dog.

Oben und Unten ergeben sich aus den frühkindlichen Erfahrungen von Groß und Klein.

Von mir gibt es eine gern erzählte Kindheitsstrategie, diese Größenunterschiede zu überwinden: Ich soll im Alter von etwa zwei Jahren in der Wohnung meiner mütterlichen Großmutter – in die meine Mutter gezogen war, nachdem ihre eigene Wohnung „ausgebombt" und mein Vater noch in Kriegsgefangenschaft war –, wenn ich wissen und haben wollte, was sich auf dem Küchentisch befand, dies von der circa 5 Meter entfernten Eingangstür her ins Visier genommen, den rechten Arm ausgestreckt und zielgerichtet ohne links und rechts zu schauen hinmarschierend ergriffen haben.

Während ich dies erinnere, fällt mir auf, dass ich meinen Studierenden immer erkläre, dass man bei unangenehmen, nah erlebten Größenunterschieden – wie wir sie wohl aus der Schulzeit kennen, wenn die Lehrkraft eng daneben stehend ins Schulheft lugt – zuallererst körperlich Abstand schaffen und so weit wie nötig vergrößern muss.

Hertha Firnberg (1909–1994), die sehr kleine erste österreichische Wissenschaftsministerin, pflegte, wenn sie im Stehen zu Riesenmän-

nern aufschauen musste, den Kopf schief zu legen und auf diese Weise zumindest subjektiv die Distanz zu vergrößern.

Eine direktere Variation des Ausgleichs von Größenunterschieden erlebte ich am Beispiel meiner späteren Chefin am Institut für Psychologie an der Universität Klagenfurt, der Psychotherapeutin Jutta Menschik-Bendele (*1944): Wir waren beide Mitglieder im Psychotherapiebeirat des Gesundheitsministerium und saßen vor einer Sitzung in den tiefen Plastik-Fauteuils vor dem Sitzungssaal. Als der Innsbrucker Psychosomatikprofessor Wolfgang Wesiack (1924–2013) eintraf, ging er mit freundlichen Begrüßungsworten auf seine Klagenfurter Kollegin zu, die sofort aufsprang (was „Damen" nach den üblichen Benimmregeln nicht tun, sondern nur Männer sollen. Wesiack, überrascht, beschwichtigte sie: „Aber Frau Kollegin, bleiben Sie doch sitzen!", aber Menschik-Bendele präzisierte ihr Tun sehr klar: „Nein – ich mag nicht, dass Sie auf mich herabschauen!" So geht das also, habe ich mir damals gedacht – und gelernt.

Weitblick braucht Raum

Aus der Fachliteratur zur Proxemik[44] wusste ich sehr wohl, dass Sitzenbleiben-Dürfen von Frauen weniger auf vorgeblicher Höflichkeit gründet denn auf Kontrolle (brave Mädchen und Frauen sollen sich statisch verhalten, nur schlimme bewegen sich, und schon gar nicht schnell!).

Später erlebte ich oft, wie Frauen, daher auch mir, spontan die angeblich bequemste Sitzgelegenheit – nämlich für 180 cm große und mindestens 90 kg schwere Männer! – angeboten wurde. Für diese sind auch die Fauteuils der meisten Talkshows vorbereitet – daher verlange ich immer einen Polster zur „Rückenstärkung" (um nicht steif an der Vorderkante sitzen zu müssen um meine Füße fest auf den Boden stellen zu können), und wenn ich den nicht bekomme, platziere ich meine Handtasche an diese Stelle – dann wird immer plötzlich von irgendwo ein Polster hergezaubert.

In diesem Zusammenhang rate ich allen kleinen Frauen darauf zu achten, wie klein die Autos sein sollten, in denen sie beim Einparken problemlos nach hinten blicken können. Ich habe in den 1990er Jahren sehr viele Seminare für die AUVA abgehalten, und erinnere mich noch, dass der damalige Primararzt des UKH Salzburg meinte, mein Allrad Fiat Panda sei einer Kapazität wie mir unwürdig – ich bräuchte unbedingt ein größeres Auto. Kaum meinem für solche Statusspiele sehr empfänglichen Ehemann erzählt, besorgte mir dieser einen Audi Quattro – zwar sehr elegant, aber mit der Folge, dass ich nicht mehr so gut einparken konnte. Ich bin danach sobald es passte, auf einen VW Polo umgestiegen – seitdem klappt das Einparken wieder. (Und der „Gender-Mythos", dass Frauen nicht einparken können, widerlegt sich durch die Wahl des passenden Autos.)

Viele Menschen, vor allem Männer, reagieren verärgert und abwertend auf das Wort und den Begriff „Gender". Sie vermuten dahinter eine umfassende Strategie der Frauenbevorzugung und fürchten sich, unausgesprochen und oft auch unbewusst, d. h. unreflektiert, vor Benachteiligung – tiefenpsychologisch pointiert formuliert „vor sozialer Kastration". Es liegt am Mangel an Information (und Unlust oder Unwillen, das zuzugeben und einfach zu fragen!). Dabei bedeutet Gender nichts anderes als die Kenntnisnahme und Überprüfung, dass und wie soziale Geschlechtsrollen anerzogen werden können und wer dadurch in seiner Aufrichtung und Entfaltung individuell oder auch kollektiv beeinträchtigt wird. So hat man beispielsweise erst durch die viele Wissenschafts- und Anwendungszweige umfassende

Praktik des Gender-Blickwinkels erkannt, dass viele vor allem an Männern getesteten Medikamente bei Frauen ganz andere, auch kontraproduktive, Wirkungen hervorriefen, und in weiterer Folge, dass manche Krankheitssymptome (z. B. Ankündigung eines Herzinfarkts) bei Frauen anders waren als bei Männern. Man hatte früher einfach nicht darauf geachtet, weil man zwischen dem biologischen und dem sozialen Geschlecht nicht differenziert hatte. (Darauf gründet teilweise der „Mythos" von Frauen als dem „verrückten Geschlecht"[45].) Heute wird Gendermedizin an den medizinischen Universitäten besondere Aufmerksamkeit gewidmet, und die spezifischen Forschungen sind noch lange nicht abgeschlossen.

Es liegt weniger an rosa oder himmelblauen Strampelanzügen oder Puppen statt Plastikschwertern als an den Verboten oder Geboten, Spielsachen, vor allem aber Spielverhalten nach eigenem Interesse zu wählen (und Kindern gewaltverzichtend beizustehen, wenn andere sich mokieren, dass sie ihren eigenen Interessen folgen und nicht denen der Großeltern oder Nachbarn). So zeigte die Berliner Psychologin Roswitha Burgard (1943–2017) bereits Mitte der 1980er Jahre die Wichtigkeit der Beachtung des Zusammenhangs von Einschränkung von bewegungsintensivem Spielen und eingeschränkter Bewusstseinsentwicklung auf; sie konstatierte, „Wissenschaftler gehen noch immer von einer angeborenen geringeren Aktivität, Rationalität und Reaktionsvermögen bei Frauen aus und liefern somit einen deutlichen Beweis für die Verwechslung von Ursache und Wirkung".[46]

Ähnliches beobachtete sie bei Beschäftigungstherapien in psychiatrischen Kliniken, nämlich dass sich diese für Frauen auf Wäscherei, Näherei, Küche und bei besonders guter Führung auch auf Gartenarbeit beschränkte, „Männer waren dagegen überwiegend im Freien beschäftigt, wo sie sich ungezwungen bewegen konnten und mehr Anregungen bekamen."[47] Meist kommt als Begründung das Argument, Frauen vor Belästigungen bzw. gröberen Formen von Gewalt beschützen zu wollen. Dass Frauen sich selbst beschützen können sollten, wird dabei gar nicht angedacht – und wenn es eine versucht, wird ihr oft das volle Risiko der Gegenreaktionen der auf Dominanz insistierender Angreifer*innen angelastet.

In dem Kapitel „Angst(t)raumwelt" in meinem Buch „Freiheit – Gleichheit – Menschlichkeit" habe ich geschrieben: „Ob frau den Beschützer in den abwesenden, irrealen Mann – oder den anwesenden, realen Mann projiziert – oder den Gewalttäter – hängt wohl von ihren biographischen Erfahrungen ab, von ihrer Gutwilligkeit, von ihrer Naivität. Phantasiert sich frau den Mann als Beschützer, so liegt es nahe, auch den Stadtplaner, den Politiker als Beschützer zu phantasieren: immer auf der Suche nach einem ‚gütigen' Vater – in unserer vaterlosen Gesellschaft. ‚Vertochterung' als Sucht? Als Wahn? Oder als männliches Ideal? ‚Die Frau denkt, dass andere alles besser wissen, der Mann denkt, dass er alles besser weiß', pointieren die britischen Psychotherapeutinnen Luise Eichenbaum und Susie Orbach."[48]

Beschützen will ja auch der türkische Arbeitsmigrant seine Frau vor der feindlichen Umwelt in Tevfik Başers Film „40 qm Deutschland" (1986); als er plötzlich stirbt, fehlen ihr die Erfahrungen, um außerhalb der „behütenden" Hinterhofwohnung zurechtzukommen.

Ähnlich argumentiert der „führende" (und oft verführende) Elternteil in sogenannten „geschlossenen" Familien[49]: Deren Kennzeichen besteht unter anderem darin, dass die Kinder weder auf Besuch gehen noch Besuch daheim empfangen dürfen – es soll ja keine Vergleichsmöglichkeiten geben (denn alles andere als das Eigene ist von vornherein falsch) und vor allem kein allfälliges Familiengeheimnis verraten werden. Meist ist es der Vater, der versichert, er müsse vor der feindlichen Welt draußen schützen – aber oft zeigt sich, dass er vor allem sich selbst vor Kritik und oft auch vor Behördeneingriffen schützen will.

Gesundheitsschädliche Eltern

Wem jedoch der „Blick in die Weite" verhindert wird, der oder die hat später Schwierigkeiten, Weitblick oder Überblick zu praktizieren.

So schildert der italienische Neurophysiologe Luciano Mecacci (* 1946) eine Leidensgeschichte, die 1970 „in einer florierenden Stadt des hochentwickelten Staates Kalifornien" aufgedeckt und von der Psychologin Susan Curtiss dokumentiert wurde: Da sich die erblindete Mutter in Begleitung ihrer Tochter Genie statt in das gesuchte Blindeninstitut ins Nebenhaus verirrte, fiel dort zwei Angestellten der Zustand des Kindes auf – mit dreizehneinhalb Jahren wog sie nur 27 Kilo – und sie riefen die Polizei. Ohne auf die Psychopathologie des Vaters einzugehen, sei hier nur festgehalten: Genie hatte viele Jahre isoliert in einem kleinen Raum an einen Stuhl gefesselt zubringen müssen; sie konnte kaum Hände und Füße bewegen (und daher wurde bei ihr auch eine psychomotorische Retardierung festgestellt). Wurde sie nachts manchmal in ein kleines Bett gelegt und konnte sich etwas ausstrecken, so war dieses Bett ringsum von einem Drahtgitter umgeben, auch nach oben hin. Ihr Zimmer durfte lediglich betreten werden, um ihr ein wenig Essen zu bringen, Kindernahrung, Brei und höchstens ein gekochtes Ei. Der Vater, der schon die Mutter in die Garage gesperrt hatte, weil er ihr Weinen (nach dem frühen Tod älterer

Geschwister Genies) nicht anhören wollte, hatte im Haus absolute Stille angeordnet; wenn Genie dennoch Laute von sich gab, kam er in ihr Zimmer und schlug sie mit einem Stock. Er selbst pflegte aber von nebenan Hundegeknurr nachzuahmen, um Genie zu ängstigen. Sie konnte auch nicht nach außen blicken, denn ihr Raum hatte nur eine schmale Oberlichte. (Am Tage seines Prozesses nahm sich der Vater das Leben und hinterließ nur die Botschaft „The world will never understand".)[50] Mecacci hält fest: Genie war zwar wissbegierig und lebhaft, aber sie konnte sich schwer auf den Beinen halten und vorwärts bewegen; sie konnte nicht kauen; sie konnte ihre Ausscheidungen nicht kontrollieren, sie konnte auch nicht sprechen, und: „Da sie in einem eng umgrenzten Raum gelebt hatte, reicht ihr Sehvermögen nicht weiter, als die Tür in ihrem früheren Zimmer entfernt war."[51]

Solche Folterbedingungen werden immer wieder aufgedeckt. In Österreich braucht man sich nur an die Wiener Adoptivfamilie erinnern, die ihre geistig etwas zurückgebliebene Adoptivtochter in einen Geräteschuppen im Garten eingesperrt, zeitweise gefesselt, ihr den Mund mit Heftpflaster verklebt und sie zum Schlafen in ein „Gesundheitsbett" – eine 160 x 55 x 33 große Holzkiste – gezwungen hatte. „Maria in der Kiste" wurde nach der Anzeige einer anderen Tochter befreit, die Adoptivmutter wegen Freiheitsberaubung und Kindesmisshandlung zu fünf Jahren Haft verurteilt, ihr Mann und eine Wahltante erhielten bedingte Strafen.[52]

Mir fällt dazu das zu meiner Kindheit gängige Sprichwort ein: „Früh krümmt sich, was ein Häkchen werden will." Aber wer will schon ein Häkchen werden? Liegt nicht der Sinn jeden Lebens darin, sich geradlinig zu dem Format aufzurichten, das in einem – in einer! – steckt?

Ich verweise auf diese und ähnliche Verbrechen, weil sie deutlich zeigen, welche Folgen es haben kann, wenn Kinder – und da vor allem weibliche! – zu wenig Möglichkeiten und Anregungen zur Entwicklung ihres Hör-, Seh- und vor allem Bewegungsvermögens erhalten.

Aus eben diesen Überlegungen habe ich, als ich merkte, dass ich für meinen Zweitgeborenen infolge der rivalisierenden Interventionen meines fast zweijährigen Erstgeborenen nicht so viel Zeit aufwenden konnte wie ich vorhatte, unter Anleitung des hervorragend strukturierten Buches „Baby-Schule"[53] meinem Baby täglich mindestens eine Anregung für das Fühlen, das Sehen und das Hören angeboten.

Erst so ungefähr seit Beginn der 1970er Jahre wurde allgemein dafür geworben, Babys „breit" zu wickeln (um späteren Hüftdysplasien entgegen zu wirken) anstatt, wie traditionell üblich, sie in ein „Steckkissen" zu „verpacken". Einige Jahre später kamen die Tragetücher auf, mit denen das Baby an den Leib der Mutter geschnallt nicht nur den bergenden Körperkontakt genießen, sondern auch Rundschau halten konnte.

In der Kindererziehung zeigen sich wie kaum sonst polare Sichtweisen – und besonders dann, wenn es um Sexualpädagogik geht. Dabei wäre gerade hier wichtig, die unterschiedlichen Sichtweisen und Ziele offenzulegen, denn den eigenen Weg sollte sich ja jede und jeder im vollen Informationsstand wählen können und nicht erst später die Indoktrinationen und Manipulationen mit großem zeitlichen und finanziellen Aufwand in Psychotherapien aus sich herausarbeiten müssen!

Gegensätzlich stehen sich Befürworter eines repressiven Stils (welche die Unterdrückung von Impulsen, die ihrer Ansicht nach mit der sozialen Wirklichkeit unvereinbar sind, befürworten bzw.

andere „mit der Wirklichkeit versöhnt" wissen wollen, indem ihr Objekt gewechselt, ihre Befriedigung verschoben oder abgelenkt, ihre Befriedigungsform verändert oder mit anderen Impulsen verschmolzen wird und derzeit in fundamentalistisch orientierten Kreisen in Hinblick auf Homosexualität wieder hochaktuell ist)[54] denjenigen gegenüber, die sich für möglichst freie Entfaltung der Begabungen einsetzen, mögen diese auch für viele Nichtnahestehenden nicht feststellbar sein.

In diesem Zusammenhang möchte ich an den deutsch-amerikanischen Erziehungswissenschaftler Frederick Mayer (1921–2006) erinnern, einem meiner ersten Mentoren, der nach der Ermordung der Kennedy-Brüder und Martin Luther Kings der Liebe wegen in Wien „hängen geblieben" und wesentlicher Berater Bruno Kreiskys geworden war. In seinen zahlreichen Büchern[55] wurde der international berühmte, in Wien nur einem kleinen Kreis von Fachleuten bekannte Verfasser der in zwanzig Sprachen übersetzten „History of Educational Thought" nie müde, für die „schöpferische Expansion" auch benachteiligter und ausgegrenzter Kinder und Jugendlicher zu plädieren. Und: Er witterte Begabungen und hatte einen besonderen Stil, einen aufzurichten, wenn man – beispielsweise auch ich, aber wie ich weiß, auch viele andere – gerade wieder durch zu viel Kritik frustriert wurde. Er rief unerwartet an, „Hier ist Fred!", und weiter, „Was Du tust, ist sehr wichtig! Lass Dich nicht entmutigen! Du bist nur Deiner Zeit voraus! Man wird Dich schon noch verstehen – ich tu's ja auch!", und dann legte er ohne Verabschiedung abrupt auf.

Mayer engagierte sich für geistige Freiheit – aber um diese leben zu können, braucht es auch körperliche Freiheit, und dazu zählt Bewegungsfreiheit. Aus diesem Grund benötigen sitzende Berufe regelmäßige körperliche, aber auch geistige und soziale

Bewegungspausen und deren Verankerung in den Arbeitsverträgen. (Ebenso benötigen hochspirituelle Menschen regelmäßige körperliche Betätigung mit besonderer Betonung des „grounding" – der Erdverhaftung –, damit sie nicht zu sehr „nach oben hin abheben".) In der Zeit, als ich meine Ausbildung im personenzentrierten Ansatz nach Carl R. Rogers absolvierte (1986–1988), versuchte ein Mitstudierender – Betriebsarzt im AKH (Allgemeinen Krankenhaus) in Wien – dafür einen offiziellen Raum für Rund-um-die-Uhr-Tai-Chi zu installieren. Meines Wissens war dieses sinnvolle Neuerungsvorhaben nicht von Erfolg begleitet. Im Gegensatz dazu war eine Freundin – Vorgesetzte in der damaligen Telefongebührenverrechnung und Hobbygymnastikerin – zur gleichen Zeit erfolgreich mit der Einführung von Qui Gong-Pausen direkt am Arbeitsplatz (und dabei gab es damals das bewegungslose Starren auf Bildschirme noch nicht!). Der Unterschied lag darin, dass sie niemand um Erlaubnis fragte – es betraf ja auch nur ihre Mitarbeiterinnen, als etwa zwei Dutzend Frauen –, sondern einfach vormachte und zur Nachahmung motivierte.

Aufrichten schafft Überblick

Dauerkrümmen senkt den Blick und die Fähigkeit zum offenen Widerstand. Bei älteren Frauen, selten Männern – oder Langzeitpolitiker*innen z. B. Angela Merkel oder Franz Josef Strauss bzw. besonders belasteten Personen – kann man oft ein Phänomen beobachten, das in der Bioenergetik[56] „Witwenbuckel" heißt: das sukzessive Verschwinden des Halses zwischen den hochgezogenen Schultern. Im Lateinischen heißt übrigens Ehe „coniugium"[57] – von „iugum", Joch, dem „Krummholz über dem Nacken der Lasttiere", oder Pflicht – davon stammt auch unser deutsches Wort Joch bzw. „Ehejoch" ab.

Die Gegenposition ist der „überheb"liche Sklaventreiberblick von oben herab, der vor allem kontrollieren will, ob niemand aus der Reihe der Unterworfenen ausschert. Gemildert findet er sich in der Position aller, die „dirigieren".

So schreibt der altösterreichische Literaturnobelpreisträger Elias Canetti (1905–1994): „Es gibt keinen anschaulicheren Ausdruck für Macht als die Tätigkeit des Dirigenten. [–] Der Dirigent *steht*. [–] Er steht *allein*. [–] Er steht *erhöht*. [–] Die eigentlichen Anordnungen gibt er mit der Hand allein oder mit Hand und Stab. [–] Die Gesetze werden ihm an die Hand gegeben als Partitur. Andere haben sie auch und können seine Durchführung kontrollieren, aber er ganz allein bestimmt, und er allein richtet auf der Stelle über Fehler."[58] (Hervorhebungen im Original.) Ergänzung von mir: Im Internet findet man Videos von Leonard Bernstein (1918–1990), und in einem davon sieht man, wie er nur mit seinem Blick und den zugehörigen Kopfbewegungen dirigiert![59]

Das Wesentliche beschreibt Canetti aber so: „Sein Blick, so intensiv wie möglich, erfasst das ganze Orchester. Jedes Mitglied fühlt sich von ihm gesehen, aber noch mehr von ihm gehört. Die Stimmen der Instrumente sind die Meinungen und Überzeugungen, auf die er schärfstens achtet. Er ist *allwissend*, denn während die Musiker nur ihre Stimmen vor sich liegen haben, hat er die vollständige Partitur im Kopf oder auf dem Pult."[60] (Hervorhebung im Original.) Und dies, so Canetti, gäbe ihm das Ansehen von Allgegenwärtigkeit.

Dieser „Überblick" (im Doppelsinn des Wortes) umfasst aber aus meiner Erfahrung nicht nur das Sehen und Hören – sowohl vom Dirigenten wie vom Orchester –, sondern auch das Spüren. Schallwellen treffen ja nicht nur den Hörapparat, sondern den ganzen Körper, daher „berühren" sie, und zwar nicht nur das Auditorium, sondern auch alle, die „senden". Das merkt man auch daran, dass sie sich beim Musizieren bewegen (müssen), sobald sie die Qualität erreicht haben, dass „Es" musiziert (und nicht mehr nur das „Ich" sich abmüht).

Der Philosoph, Musiktheoretiker und Komponist Dane Rudhyar (1895–1985) schreibt dazu: „Klang ist grundsätzlich das Mittel, magischen Willen zu übertragen. Magische Töne können besonders kraftvoll sein, wenn sie mit Körperbewegungen verbunden werden, das heißt mit bestimmten Riten und magischem Tanz."[61] Besonders deutlich wird das in manchen religiösen Praktiken.

Sobald sich der Mensch aufgerichtet hat,
- hat er die Hände frei (nämlich nicht nur kurzfristig impulshaft) und kann „handeln": segnen, also leibseelischgeistig aufrichten, oder vernichten,
- kann auf Augenhöhe quantitative Unterschiede z. B. in Größe, Entfernung oder Geschwindigkeit wahrnehmen (Betonung auf „wahr"!)
- und kann die bioenergetische Ausstrahlung einer anderen Person konkret im eigenen Körper spüren und entschlüsseln: Im Einander-Anblicken entsteht Energieaustausch[62] und der kann Liebe auslösen oder auch Hass oder Angst oder Scham.

In meiner Jugend erlebte ich des Öfteren, dass mir, wenn ich sprachlos vor Empörung über mir zugefügte Ungerechtigkeiten erstarrte, befohlen wurde „Senke den Blick!" Ob dieser Satz heute noch so üblich ist (ich assoziiere jetzt „Übel"), entzieht sich meiner Kenntnis, aber von „Du brauchst gar nicht so wild schauen!" berichten mir meine Klient*innen immer noch.

„Wild schauen" bedeutet Kraft aussenden. Wer als Kind mit Blicken diszipliniert wurde, neigt später dazu, auf dieses Kindheitsalter zurück zu regredieren – außer er oder sie richtet sich auf, praktiziert Überblick, was bedeutet: man „schaut" gleichsam wie die beiden Balkon-Muppets Waldorf und Statler von oben herab auf sich selbst in der Interaktion mit den augenblicklichen Gesprächspartnern – und das kann man lernen[63].

4. Aufrichten
Wie man sich aus schwierigen Situationen herausentwickeln kann.

— Ich habe Hymnen, die ich schweige.
Es gibt ein Aufgerichtetsein,
darin ich meine Sinne neige:
du siehst mich groß und ich bin klein.
Rainer Maria Rilke[64]

Im Begriff „entwickeln" steckt das Wort Wickel, und das hat Doppelsinn: Es kann etwas unentwickelt oder verwickelt sein, es kann aber auch der Wickel sein, ein österreichischer Ausdruck für Ärgernis und Streit, und damit Verwicklungen auslösen. Symbolisieren lässt sich das gut mit dem Bild eines Knäuels oder auch nur eines Knotens[65]: je dichter er gewickelt ist, desto schwerer und härter wird er und desto mehr kann man damit wehtun oder verletzen.

Aus diesen Überlegungen sind Psychotherapeut*innen zur „Abstinenz" – d. h. zur Vermeidung von „Lebensbeziehungen" zu ihren Klientinnen und Klienten – verpflichtet. Sie sind ja quasi „Elternersatzpersonen" und befinden sich daher in einer emotionalen Machtposition, die starke Gefühle – Hoffnungen, Begierden, Hassgefühle, Ängste und andere alte Reaktionsmuster aus der Kindheit oder auch jüngerer Vergangenheit – auslösen kann. Alle diese dürfen und sollten in der Therapie auch zur Sprache kommen, damit sie „durchgearbeitet" werden, damit sich die Klient*innen besser selbst verstehen und entscheiden können, wie sie mit ihren Gefühlen umgehen wollen – beispielsweise durch

Verzicht auf unbedachtes „Ausagieren". Es gibt noch viele andere Möglichkeiten – und all dies gilt logischerweise auch für die Psychotherapeut*innen, die einerseits als Vorbild dienen können – beispielsweise dafür, wie man heikle Themen wertschätzend anspricht –, andererseits aber die existenzielle Abhängigkeit und Generationengrenze nicht für eigene Zwecke ausnützen (wie es reale Eltern oft tun, aber nicht tun sollten). Zu diesen eigenen Zwecken gehört auch, Respekt zu fordern, aber selbst nicht auszuüben. Das klassische Beispiel sind Nachteilszufügungen, „Liebesentzug" (Kommunikationsverweigerung bzw. beharrliches Schweigen), Beschimpfungen und Strafen, wenn das Kind – oder auch die Partnerperson, die Mitarbeiterschaft – nicht so „funktioniert", wie es die vorgebliche „Autoritätsperson" erwartet (aber ihre Erwartungen nicht mitteilt, geschweige denn dazu Anleitung gibt).

Wie bereits betont, hat Sprache und insbesondere Namensgebung Wirkkraft.

Als ich in den 1990er Jahren in ganz Österreich für eine Pharmafirma Seminare unter dem Titel „Kommunikationswerkstatt für Ärzte" gestaltete, fragte ich zu Beginn immer: „Welchen Satz wollen Sie nie wieder hören?" – und im Weiterarbeiten zusätzlich, was das Unangenehmere gewesen war: der Inhalt oder der Tonfall? Es war der Tonfall – denn darin verkörpert sich das geheime Denken und Fühlen der Sprechenden samt Achtung oder Verachtung, Zuwendung oder Ungeduld, vor allem aber Wahrheit oder Täuschung.

Tonfall und Mimik reichen schon, um jemanden in seiner Entwicklung zu hemmen – und dies wird sowohl im Privatleben wie im Beruf, vor allem aber in Hochkonkurrenzsituationen eingesetzt, um andere zu stressen und für sich selbst Vorteile – „politisches Kleingeld" – herauszuholen.

Wir brauchen uns nur zu erinnern, wie der Schwergewichtsweltmeister Cassius Clay alias Muhammad Ali (1942–2016) seine Boxgegner zu beschimpfen pflegte, um ihnen Immunkraft und damit Kampfstärke zu nehmen.

Oder wir können Wahlkämpfe beobachten: Diejenigen, die ihren „Mitbewerbern" am meisten vorwerfen, sie würden andere Kandidaten „anpatzen", sind diejenigen, die im Vergleich diejenigen sind, die das tun. Das ist aber nicht als – unbewusste – Projektion, also Abwehr der eigenen Motive, zu werten, sondern als bewusste Provokation und daher als Strategie offenkundig, denn sie entspricht einer „Zwickmühle": Wehrt sich die so verleumdete Person nicht, bleibt die Behauptung unwidersprochen – wehrt sie sich aber, gewinnen die Anpatzer neuerliche Aufmerksamkeit und können damit rechnen, dass sich ihr „Narrativ" mit jeder Wiederholung tiefer ins Unbewusste der Nachrichtenempfänger einprägt.

Solch eine Zwickmühle „bescherte" mir der selbsternannte Sexualexperte Ernest Borneman, indem er – kurz nachdem seine Klagen, die er gegen mich angestrengt hatte, bei Gericht nicht in seinem Sinn entschieden worden waren – in einem Interview für das Magazin „Tirolerin" mit Doris Schleifer-Höderl, die mich darüber fairerweise informierte, Folgendes über mich sagte: „Schade, dass sie jetzt lesbisch geworden ist". (Vermutlich schloss er dies daraus, dass in „EMMA" und anderen feministischen Zeitungen für mich positiv berichtet worden war.) Hätte ich dagegen protestiert, hätte er mich als homophob kritisieren können ... und hätte die Journalistin, wie er vermutlich gehofft hat, diese Behauptung übernommen, wäre diese „Umrahmung" wohl unwidersprochen weiterverbreitet worden.

„Umrahmen" oder „Framen" ist eine zielführende Methode, indem man gleichzeitig mit einer Aussage sprachlich geistige Bilder hervorruft, in denen die Bewertung enthalten ist, die man insgeheim transportieren will. Ich habe diese „Technik" – und ihre Gegentechnik, das „Reframen" – 1986 im Rahmen meiner NLP-Ausbildung kennengelernt und überrascht festgestellt, dass sie dem schon früher von meinem ersten Ausbildungspsychoanalytiker Harald Picker (*1938) erfundenen „Verrücken" entspricht: Man ersetzt das bewusst oder unbewusst negativ bewertende/umrahmende Wort durch ein ähnliches, aber positives, beispielsweise „schlampig" durch „großzügig", oder man achtet darauf, keine Kriegsworte zu verwenden, beispielsweise „sich um etwas bemühen" oder „sich engagieren" statt „für etwas kämpfen".[66]

Mir haben mehrfach – untereinander befreundete – Konkurrenten mit unwahren Behauptungen in Printmedien öffentlich zu schaden versucht. (Einer, selbst auch Psychoanalytiker und dem Freundeskreis Bornemans entstammend, hat sogar einmal zwecks Skandalisierung meiner Person eine Pressekonferenz „gegen mich" veranstaltet anstatt, wie es der Professionalität dieses Berufs entsprechen würde, Supervision in Anspruch zu nehmen, um die Motive seiner Hassgefühle und Hinterhaltsattacken zu hinterfragen.)[67] Echte Freunde haben mir in diesen Situationen geraten, mich nicht in all meiner Verletztheit zurückzuziehen, sondern nur meine Rechtfertigungsimpulse zurückzuhalten und aufrecht – „wie eine Königin"[68] – mich einfach zu zeigen so wie ich bin, denn die Leserschaft wäre nicht so dumm, die gezielte Gehässigkeit nicht zu erkennen. Dazu rate ich auch immer all den Politiker*innen, die mich als Coach in Anspruch nehmen. Mir sind zwei Sätze dieser echten Freunde als Leitsprüche in Erinnerung geblieben und ich habe sie vielen Klienten und Klientinnen wei-

tergegeben, wenn sie in ähnlichen Situationen waren. Der eine lautete: „Die Zeitung von heute ist das Klopapier von morgen." (Danke, Kurt Bergmann!) und der andere: „Wenn man einem Dreck eine Watsche gibt, wird die Hand schmutzig." (Danke, Rainer Fischer-See!)

Als ich danach wieder einmal den Film „Vom Winde verweht" ansah, fiel mir die eine Szene auf, in der sich eine Situation abspielt, in der diese einzig richtige Reaktion verkörpert wird: Als nämlich Scarlett O'Hara, nachdem sie von den beiden prüden Tanten dabei überrascht worden war, wie sie Ashley, den Verlobten Melanies, spontan einen Kuss aufdrückte, zu Melanies Geburtstag eingeladen wird und die Begegnung mit den Tanten scheut, zwingt sie ihr „mit allen Wassern gewaschener" Ehemann Rhett Butler, hinzugehen – und noch dazu ein „Femme-fatale-Kleid" (eng, tief dekolletiert, schwarz) anzuziehen. Widerstrebend folgt ihm Scarlett im Vertrauen, dass er sie dort „beschützen" würde, aber er schiebt sie nur zur Tür hinein und lässt sie allein. Und da atmet Scarlett durch und richtet sich auf – sie hatte ja nichts Böses getan, nur ihre Gefühle ausgedrückt, war aber danach zu einem ängstlichen Kind regrediert – und wächst vom unnötig schuldbewussten „Mäderl" mit Hilfe dieser Haltungsänderung zur selbstbewussten erwachsenen Frau.

Dass man sich, wenn man angegriffen wird oder Angriffe drohen, zu schützen versucht, entspricht dem Instinktverhalten. Verkörpert wird dies meist durch Verstecken oder Flucht (zum Beispiel zu vermuteten „Beschützern"). Beides kann die einzig richtige Reaktion sein – nur gibt es dann keine Weiterentwicklung, nicht bei sich selbst und nicht bei den anderen, die die Auslösesituation miterleben. Und: meist ist sie auch nicht die einzig mögliche. Aber da die übliche Kindererziehung auf die Verinnerlichung der polaren Gegensätze „richtig bringt Lob" und „falsch bringt

Strafe" aufbaut, denken wenige von sich aus weiter – vor allem nicht unter Stress – außer sie haben „komplexes" Denken (Was alles hat Einfluss?)[69] statt dem üblichen „linearen" (von A zu B) juristischen Denken (Wer wird bestraft? Wer muss zahlen – hat Schadenersatz zu leisten?) erlernt.

Schlüssel zum Verständnis

Der US-amerikanischen Psychologen Carl Rogers (1902–1987) prägte die Metapher von den Kartoffeln, die unter ungünstigen Bedingungen im tiefen Keller dennoch dem Licht entgegenwachsen. Darauf pflegte er (bei dem ich noch persönlich ein Ausbildungsseminar absolvieren konnte) hinzuweisen, wenn er nicht nur mit Forschungsergebnissen sein Vertrauen zu Menschen und allen Organismen erklärte: Egal, ob man von einer Blume, einem Eichenbaum, einem Regenwurm oder einem Vogel, einem Affen oder einem Menschen spräche, Leben sei immer ein aktiver, kein passiver Prozess. „Ob der Stimulus von innen oder außen kommt, ob die Umwelt günstig oder ungünstig ist, man kann davon ausgehen, dass die Verhaltensweisen eines Organismus tendenziell der Erhaltung, *Entfaltung* und Reproduktion des Selbst dienen. Dies ist die Urnatur des Prozesses, den wir Leben nennen."[70] (Hervorhebung von mir.) Diese „Selbstverwirklichungstendenz" könne natürlich gehemmt und deformiert werden, doch könne man sie nicht zerstören, ohne den Organismus zu vernichten, betont Rogers in weiterer Folge. „Der Schlüssel zum Verständnis ihres Verhaltens ist ihr Bestreben, auf den *einzigen Wegen, die ihnen gangbar erscheinen*, sich zum Wachsen und Werden hinzutasten. Gesunden Menschen mögen die Ergebnisse bizarr und sinnlos erscheinen, aber es sind die verzweifelten Versuche des Lebens, sich selbst zu verwirklichen."[71] (Hervorhebung von mir.)

Wenn man dieser Sichtweise folgt, fällt es leichter, sich aus dem Anhaften an ein Erlebnis zu lösen. Da viele Menschen als Kinder mit Hilfe der Technik „Schuldgefühle-Machen" zu Gehorsam diszipliniert wurden, rutschen sie immer wieder in dieses Muster, vor allem, wenn sie die darin verborgene Ungerechtigkeit spüren. Leider setzen sie sie im Wiederholungszwang auch selbst wieder ein – immerhin ist sie ja auch eine Möglichkeit von vielen und eben die vertrauteste, die sich als erste aufdrängt, solange man keine andere einübt. Und üben muss man – wie bei jeder Fertigkeit.

Als der unternehmungslustigere und risikofreudigere meiner Söhne im Alter des „Saturday Night Fever" war und in eine nahegelegene Disco gehen wollte, in der kurz zuvor ein junger Mann einem Messerstich zum Opfer gefallen war, äußerte ich in üblicher Mutterweise meine Bedenken. Mein Sohn sah mich sehr ernst an und fragte: „Willst Du mir Schuldgefühle machen?" „Natürlich nicht!", beeilte ich mich wahrheitsgemäß zurückzurudern (Hinweis: ein Frame aus dem Wassersport! Ich hätte auch formulieren können: einen Schritt zurückzumachen – aber die spontane Wortwahl zeigt meine unbewusste Anpassung an die Lebenswelt dieses Sohnes, der damals in Ausbildung zum Sportlehrer, Spezialisierung u. a. Wildwasserpaddeln, war!) Mein Sohn antwortete damals ganz lieb: „Weißt du, Mama, wenn diese gefährliche Partie dort ist, gehe ich ohnedies – ich bin nicht so naiv, wie du denkst!" Bingo!

Schuldgefühle
Hinter selbstgemachten Schuldgefühlen verbergen sich häufig verdrängte Aggressionen. Rachebedürfnisse etwa.

Der Mechanismus verläuft so: Der Chef (Vater, Mutter,

Lehrer*in, …) sagt, man solle an seiner Stelle eine unangenehme Arbeit verrichten. Die „innere Stimme" (das Gewissen) sagt, das wäre eine Zumutung, man solle sich wehren und schickt eine Portion Widerstandsenergie. Die Vernunft sagt, dem Chef muss man gehorchen, auch wenn sein Auftrag eine Grenzüberschreitung (des Arbeitsauftrags, der Spielregeln, der „anständigen Begegnung" etc.) darstellt. Das Gewissen will unterstützen und schickt noch eine Portion Aggressionsenergie. Die Vernunft will unterstützen, verbietet die Aggression und drängt – „verdrängt" – das gesamte Potenzial an Protestenergie ins Unbewusste und holt von dort eine Riesenportion der alten Schuldgefühle im Sinne von „Wie kann ich nur so unbotmäßig/undankbar/schlimm etc. sein" ins Bewusstsein. Man schämt sich und – krümmt sich. Man zieht Kopf und Schultern ein und nach vorn. Dadurch verkleinert man unbewusst die Angriffsfläche seines Körpers, denn auf Grund der Kindheitserfahrungen, die leider viele Menschen haben, rechnet man mit Schlägen ins Gesicht oder Stößen gegen die Brust. (Das Gewaltverbot, Kinder zu schlagen, existiert in Österreich seit der Kindschaftsrechts-Reform 1989[72], aber die meisten Menschen wissen das nicht bzw. wollen es auch nicht wissen.) Dieser Mechanismus entsteht aber auch in der bekämpften „vorgesetzten" Person, die ja versucht, ihre existenzielle oder auch emotionale Macht missbräuchlich durchzusetzen, nur „verdrängt" sie ihren Machtmissbrauch, schon bevor sie ihre Aufträge/Befehle ausgibt. Für beide Gegenparteien gilt: Der Energieaufwand dieses innerseelischen Konflikts bzw. Kampfs bleibt im Unbewussten erhalten und verbraucht weiter Energie, weil er ja unterdrückt, das bedeutet, nicht wahrnehmbar bleiben soll.

Carl Rogers wusste: „Die Transformation von einem Zustand in den anderen ist ein plötzlicher Umschlag, ein nicht-lineares

Ereignis, bei dem viele Faktoren gleichzeitig aufeinander einwirken."[73] Das wird in der sichtbaren Körperhaltung, Mimik oder Gestik und auch in der Stimme offenkundig, aber tabu. Kinder und Narren sagen dem Volksmund nach bekanntlich die Wahrheit, und Kinder, denen noch nicht „der Mund verboten" wurde, sprechen das oft spontan aus und werden dann gemaßregelt, quasi „transformiert" (sofern den Erwachsenen keine kreative Alternativlösung einfällt).

Als ich einmal mit meinem damals ca. dreieinhalbjährigen älteren Sohn im Konsum – ja, den gab es damals noch – einkaufen war, kamen wir in der Warteschlange an der Kasse hinter einem älteren Mann zu stehen. Mein Sohn – die Nase in passender Höhe – krähte laut: „Mama, der Mann stinkt!" Betretenes Schweigen der Umstehenden im Sinne von „Wie wird die Mutter reagieren?", in der Erwartung: „Die muss ihm die Frechheit aber sofort verbieten!" Ich spürte sehr wohl diese Welle von Empörung mit einzelnen Hochs von Amüsement, sagte aber sanft: „Wahrscheinlich hat der Arme daheim leider kein Badezimmer!", und „Aha!" sagte mein Sohn.

Auch so lassen sich frühkindliche Mikrotraumatisierungen, die in Summe ja ein Makrotrauma ausmachen können, und späterer Bedarf an Psychotherapie (oder die im dritten Jahrtausend neuerlich zunehmende Nachfrage nach Interventionen, die üblicherweise der Esoterikszene zugeordnet werden) vermeiden.

Body Shift
Carl Rogers erklärt dazu: „Wenn ein bislang verdrängtes Gefühl in der therapeutischen Beziehung voll und akzeptierend erlebt wird, vollzieht sich nicht nur ein deutlich spürbarer psycholo-

gischer Umschwung, sondern auch eine gleichzeitige *physiologische Veränderung*, sobald eine neue Stufe der Einsicht erreicht wird."[74] (Hervorhebung von mir.) Sein Schüler Eugene Gendlin (geb. als Eugen Gendelin 1926 in Wien – 2017 in Spring Valley, NY) prägte für diese deutlich wahrnehmbare Veränderung den Begriff „body shift". Sie besteht in Worten und Bildern, die „aus einem Gefühl herausfließen" und eine deutlich spürbare Erleichterung[75] bewirken: „Ach, das ist es also!"[76]

> *Als ich mich 1992 von der Züricher Psychotherapeutin Agnes Wild-Missong (* 1931 in Wien) in Focusing – der von Gendlin entwickelten Methode – ausbilden ließ, betonte diese deren Ähnlichkeit mit der von C. G. Jung aufgezeigten Quaternität (Vierheit). Jung unterscheidet vier Formen von Bewusstsein – ich spreche von Wahrnehmung, denn aus meiner Sicht ist diese vorangestellt:*
> - *kognitiv (vernunftbetont) und im Gegensatz dazu emotional (gefühlsbetont) sowie*
> - *körperlich (empfinden) und konträr dazu intuitiv (spüren, ahnen, phantasieren …).[77]*
> - *Wild-Missongs Interpretation von Focusing fragt zuerst nach Körperempfindungen, dann den dazugehörigen Gefühlen (beides wird in der deutschen Sprache gerne gleich formuliert, nimmt damit aber wesentliche Möglichkeiten der Selbststeuerung), dann wird nach bildhaften Assoziationen dazu gesucht und schließlich ein verbales Resümee gezogen.*
>
> *Dazu ein triviales Beispiel aus meiner Praxis: Einer Pädagogin in der Erwachsenenbildung gelingt es im Gegensatz zu ihren Kolleginnen auch nach mehrmaligen Versuchen nicht, bei ihrem Vorgesetzten eine Gehaltserhöhung durchzusetzen. Im Focusing-Prozess spürt sie*

körperlich Anspannung und Krümmung. Die dazu gehörenden Gefühle bezeichnet sie als Hilflosigkeit – sie fühlt sich unfähig. Im dazu auftauchenden geistigen Bild sieht sie sich langsam mit Gesundheitspantoffeln an den am Schreibtisch thronenden Chef heranschleichen. Da kommt ihr body shift: Sie richtet sich auf, atmet durch und sagt bestimmt: „Ich muss einfach ein anderes Auftreten haben! Das nächste Mal ziehe ich klassische Schuhe an!"

Gemeinschaft macht stark

Viele Menschen suchen soziale Paarung oder Einbindung (in Freundesgruppen, Vereinen, Parteien etc.), um Hilflosigkeitsgefühlen bzw. realer Machtlosigkeit zu entkommen. Tatsächlich verfehlen sie damit ihr psychisches Wachstum und bewahren den Zustand der Entmutigung, statt sich den nächsten Wachstumsschritt zuzumuten. (Ich benütze hier bewusst diese Wortwahl mit „Mut"!)

Als ich mir nach Abschluss meiner freudianischen Analyse interessehalber auch eine jungianische gönnte, widmete ich mich auch meinen überproportional häufigen Erfahrungen, grundlos aus Gemeinschaften ausgeschlossen und sogar bekämpft zu werden. Meinen Analytiker erinnerte mein berichtetes Verhalten mit einer Regel in primitiven Kulturen, in denen gemeinsam, alle in einer Reihe, gejagt wird: Wenn einer daraus vor dem Befehl des Anführers schießt, wird er sofort von der Gemeinschaft erschossen, auch wenn klar ersichtlich ist, dass die anderen die Jagdbeute verfehlt hätten und er sie getroffen hat. Auf meine Frage nach der Quelle dieser wenig tröstlichen bzw. einfühlsamen „Interpretation" konnte sich der Kollege (denn ich war damals mit meiner freudianischen Ausbildung schon fertig und praktizierte nach vielen Jahren in Beratungsstellen und Institutio-

nen nunmehr in eigener Praxis) nicht mehr daran erinnern. (Jahre später fand ich Ähnliches bei Elias Canetti.)

Selbstbestimmtes Hervortreten aus der Corps (Gesamtkörper) macht vorheriges Aufrichten nötig; man stelle sich den Unterschied zum Hervorkriechen vor – es wird eine andere Energie und Kraft wahrnehmbar, und die scheint vielen gefährlich. Sie könnten sie aber auch alternativ als nutzbar ansehen. Dazu müsste aber auf das kleinmütige Konkurrieren um Aufmerksamkeit, Zuwendung und Lob verzichtet werden. Die soziale Einbindung in ein Team, einen Verein oder eine Partei oder sonst eine aufgabenorientierte Gemeinschaft unter Berufung auf die Spielregel von Unterschiedslosigkeit soll derart eigene vermeintliche Bedeutungslosigkeit verschmerzen helfen. Zu einer Art Ideologie erhöht, erweist sich die Geisteshaltung von demonstriertem Altruismus allerdings (psychoanalytisch entschlüsselt) meist als früh indoktrinierte Abwehrform narzisstischer Bedürfnisse (im Sinn von „was man selbst nicht darf, dürfen andere schon gar nicht").

> Der Volksmund behauptet, im Lande der Blinden sei der Einäugige König. Im Land der Kriechenden jedenfalls ist der, besonders aber die Aufrechte Volksverräter.

In zahlreichen Supervisionen und Coachings war (und bin ich auch gegenwärtig) mit dem Phänomen konfrontiert, dass männliche Untergebene gezielt gegen ihre weiblichen Vorgesetzten opponiert, aber auch intrigiert haben – sogar diejenigen, die von ihren Chefinnen ins Team geholt worden waren.

Im Fall einer Abteilung für Qualitätsmanagement sagte der betreffende Mann auf meine Exploration hin, er finde, dass er die Arbeit besser machen könne als sie und deswegen wolle er ihren Posten. Auf meine Bitte hin, was konkret er besser konnte, fand er allerdings keine Antwort wie auch auf meine Frage, wie wohl der korrekte Weg für eine Bewerbung auszusehen hätte (nämlich nicht durch Arbeitsverweigerung und Sabotage, sondern durch ein erbetenes wohl vorbereitetes Gespräch mit der übergeordneten Dienstebene) und in offener Ankündigung im Team – es sollten ja alle wissen, was er vorhabe, denn solche Wunschvorstellungen seien ja legitim.

Verrat sehe ich dort, wo jemand nicht offen für das kämpft, was er oder sie als richtig befindet, nicht offen zu Veränderungen steht, die andere nicht wissen können und die ihn oder sie zu Verhaltenskorrekturen bestimmen. Die Weltgeschichte ist voll von Verfolgungen Andersdenkender. Im dritten Jahrtausend sollte es bei all den tragischen Völkermorden endlich möglich sein, Konflikthaftes zu bereden und bearbeiten, bis man eine Einigung gefunden hat – aber wie alle, die Mediation gelernt haben, wissen (sollten): Einigungsprozesse haben nur Aussicht auf Erfolg, wenn alle am Prozess Beteiligten tatsächlich eine Einigung anstreben. Wenn sie das nur vortäuschen und gar kein Interesse daran haben, sich zu vertragen – und, ich zitiere mich selbst: sich vertragen heißt Verträge schließen – wird Mediation nicht gelingen (bzw. nicht passen).

Es gibt „Systeme" (Firmen, Familien und andere Gemeinschaften) mit unredlichen Usancen. Dazu gehört beispielsweise der Umgang mit wissenschaftlichen Publikationsprozessen. So verweist die Bremer Sozialwissenschaftlerin Heike Wiesner auf den Wissenschaftssoziologen Robert K. Merton (1910–2003), der

Prioritätskonflikte unter Wissenschaftlern (d. h. wer etwas als erster ge- oder erfunden hat, besonders dann virulent, wenn eine Entdeckung von mehreren an verschiedenen Orten der Welt gleichzeitig gemacht wurde) unter dem Begriff der „institutionalisierten Mechanismen der Wissenschaft" zusammengefasst hat.[78] Dabei gäbe es „zwei potenziell unvereinbare Werte", den der Originalität, „der den Wissenschaftler motiviere, seinen vermeintlichen Nebenbuhler zu überflügeln", und den der Bescheidenheit.[79]

So war ein Dozent bass erstaunt, dass auf einer Publikation, für die er die Hauptarbeit geleistet hatte, entgegen der Vereinbarung nur der Name des Institutsvorstands stand, nicht aber seiner (eventuell mit Respektsabstand oder kleiner). Im Coaching übten wir Variationen des Protests bzw. der Korrektur. Immerhin wusste mein Klient, dass er möglicherweise seine Karriere gefährdete, wenn sein Vorgesetzter „das Gesicht verlor". Die Lösung bestand schließlich darin, vor dem gesamten Team auf die „Panne" hinzuweisen, dass sein Name bei der Drucklegung offenbar „in Verlor gegangen" sei ... und der Institutsvorstand beeilte sich, das demonstrativ zu bedauern und zu versprechen, eine klärende Korrekturseite in die Publikation einlegen zu lassen.

Von Merton stammen auch die „vier institutionellen Imperative", die da lauten:
- Universalismus: Wissenschaftliche Leistungen müssen zuerst vorab aufgestellten, unpersönlichen Kriterien unterworfen werden, bevor sie anerkannt werden können (dazu möchte ich aber darauf hinweisen, dass das für – auch nicht alle – Naturwissenschaften gelten mag, für Sozialwissen-

schaften aber nicht, und vermutlich Konkurrenz-Kontrolle ermöglichen soll).
- Kommunismus: Ab Veröffentlichung gibt es keine Eigentumsrechte auf geistiges Eigentum – nur der Name der Urheber darf (und wie ich meine: sollte!) benennbar sein.
- Uneigennützigkeit: diese wird durch die Rechenschaftspflicht der Wissenschaftler gegenüber ihren Standesgenossen kontrolliert. (In dem Moment, wo Urheberschaft in „Vermarktung" fließt, verliert sie die Anerkennung der Scientific Community.)
- Organisierter Skeptizismus: sowohl inhaltlich wie auch methodologisch und institutionelle Prüfung von Ansichten und Überzeugungen anhand empirischer und logischer Maßstäbe.[80]

Wiesner kritisiert, dass Frauen kaum Prioritätsansprüche stellen – sie habe jedenfalls in ihrer Recherche hier wenig gefunden. Mag sein – in meiner Praxis, auch als Hochschulseelsorgerin, häuften sich jedenfalls in den letzten Jahren die Anfragen vor allem von Frauen, aber auch von Männern, denen der Dialog auf Augenhöhe verweigert wurde, und die stattdessen unnötigerweise nach allen Regeln der Kunst gemobbt wurden.

Es ist auch nicht so, dass dort, wo es gilt, Gesundheit zu fördern – denn immerhin nennen sich Spitäler seit über zwanzig Jahren nunmehr „Gesundheits- und Krankenhäuser" und das soll ja Programm bedeuten – die seelische Gesundheit der Mitarbeiter*innen (und damit deren Arbeitsfähigkeit) unbedingten Vorrang besitzt. (Ähnliches gilt auch für Fakultäten, die seelische Gesundheit oder Seelsorge in ihrem Lehrprogramm haben.)

So wurde einer habilitierten Chirurgin nicht nur das Publizieren in Fachjournalen und der Besuch von Fachkongressen verwehrt, sondern sie wurde auch bei der Zuteilung von Operationen und Sonderdiensten benachteiligt, letztlich wurden ihr sogar Behandlungsfehler von Patienten vorgeworfen, die sie nachweislich nie gesehen hatte. Gerichtlich wurde nur ein „rauer Ton" festgestellt, kein Mobbing – dennoch lässt sich die Professorin nicht in die Knie zwingen, auch wenn sie als einzige Frau in der Abteilung Solidaritätsbekenntnisse nur unter vorgehaltener Hand erfährt. Vor Gericht wagte keiner der Kollegen, wahrheitsgemäß für sie auszusagen, was alle miterlebt hatten, nämlich wie sie „zermürbt" werden sollte.

Ähnlich erging es einem Personalvertreter an einer anderen Fakultät, der selbst erleben musste, wie sein Vertrag entgegen den Zusagen nicht verlängert wurde, nachdem er sich zu intensiv für andere Kollegen in genau diesen Fällen eingesetzt hatte. Die möglichen Zeugen weigerten sich, ihm vor dem Arbeitsgericht beizustehen und behaupteten, sie könnten sich nicht mehr erinnern.

In wieder einem anderen Fall begann eine hochbegabte Frau als Schreibkraft an einem geisteswissenschaftlichen Institut zu arbeiten, absolvierte daneben ein einschlägiges Studium samt Erlernen mehrere Fremdsprachen, habilitierte sich und war eine gesuchte Fachreferentin im europäischen Aus- und Fortbildungsbereich. Als ihr Zeitvertrag auslief, wurde ihr gesagt, man brauche ihre Stelle für jemand anderen (einen minderqualifizierten Mann), aber sie könne gerne wieder als dessen Schreibkraft arbeiten!

Oder: Eine Ministerialrätin mit Doktorat in einem anderen, aber in Konkurrenz stehenden Wissenschaftszweig als dem der Mehrheit ihrer Vorgesetzten, bekam die Bewilligungen für internationale Fachtagungen, zu denen sie als zuständige Referentin eingeladen worden war, regelmäßig erst, nachdem die Tagung bereits vorbei war (was bedeutete, dass dem Ministerium die zeitnahen neuen Erkenntnisse wie auch die interdisziplinäre Bereicherungen fehlten).

Ich empfehle in solchen Situationen, die engen Grenzen des Arbeitsplatzes zu überschreiten und die eigene Expertise durch Vernetzungen mit Kolleg*innen anderer Hochschulbereiche und Fachpublikationen öffentlich zu machen. Wenn man von der Stufe, auf der man sich befindet, abgedrängt werden soll, rate ich, auf die nächst höhere (oder benachbarte) zu klettern.

Ausatmen

Der Schmerz einer vermutlich absichtlichen Demütigung (entsprechend dem Zwang zur Bescheidenheit à la „Damit die Bäume nicht in den Himmel wachsen!") ruft spontan die Schutzhaltung der vor dem Sonnengeflecht verschränkten Unterarme hervor. (Dort spürt manfrau die Machtspiele – wie es ja auch die Alltagssätze „das magerlt mich" oder „da dreht es mir den Magen um" ausdrücken.) Es ist dann wichtig, sich so schnell wie möglich wieder aufzurichten und die Giftwolke auszuatmen.

Dabei erinnere ich mich an Fernsehinterviews, in denen der österreichische Bundeskanzler der Jahre 1986–1997, Franz Vranitzky (* 1937), wenn ihn eine Journalistenfrage nervte, seine Atemluft zwischen den locker geschlossenen Lippen hervorzublasen pflegte – als ob er die körpertherapeutische Fachliteratur gekannt hätte ...?

Oft reicht es aber auch, die verspürte Angst vor der Isolierung dadurch zu bewältigen, dass man sich – wie Scarlett O'Hara – der eigenen Würde bewusst aufrichtet und zu seiner aktuellen Lage und Befindlichkeit steht. Zur Erinnerung: Das Verhalten der anderen liegt außerhalb unserer Macht – das eigene Verhalten aber kann von uns selbst bestimmt werden. Erich Kästner formulierte pointiert: „Was immer auch geschieht: Nie dürft ihr so tief sinken, von dem Kakao, durch den man euch zieht, auch noch zu trinken."[81]

Ich setze in solchen Fällen meine „Baum-Metapher" ein, die ich in folgender Situation entwickelt habe:

Ein Abteilungsleiter wurde damit konfrontiert, dass ein jugendlicher Praktikant von seinem Vorgesetzten sexuell ausgebeutet worden war und zeigte den Vorgesetzten an. Dieser hatte mächtige Freunde im Konzern und wurde auch in die Zentrale versetzt und dort unsichtbar gemacht, zuvor aber derangierte er den gesetzestreuen Abteilungsleiter, indem er ihm seine Leitungsfunktion entzog. Der Mann war am Boden zerstört. Damals sagte ich ungefähr sinngemäß zu ihm: „Und wenn auch der Schmerz im Herzen nagt und die Kehle zuschnürt – wenn Sie sich vorstellen, Sie sind wie ein Baum, in den jemand hinein gehackt hat, und Sie wachsen, so wie es Bäume tun, denn die Kraft kommt von unten und hilft, Stürme zu überstehen – und Sie merken, wie die Wunde vernarbt und immer weiter nach unten verblasst, ist sie nach einiger Zeit nicht mehr im Herzen, sondern an der Wade, und dort erinnert sie nur mehr daran, dass man die Attacke überlebt hat."

Beim bewussten seelischen Wachsen atmet man automatisch ein – beim Loslassen der im Körper ausgeschütteten Stresshormone samt Auslösewahrnehmungen atmet man aus (und wenn man merkt, dass der Kreislauf dabei zu viel „pumpt", d. h. im Übermaß zeigt, wie viel Arbeit das erfordert, setzt man sich nieder).

Haltungen

Körperliches Aufrichten ist immer gleichzeitig eine seelische Wachstumserfahrung – und weil wir meist sehr „lässig" in unserer Körperhaltung sind, sind wir das auch im Denken –, aber wenn wir uns dessen bewusst werden und auf die Worte unseres Inneren Dialogs achten oder einen solchen erst auch für unsere Eigen-Sinnigkeit zu nutzen beginnen, wird das Wachstum auch ein geistiges.

Eigensinn wird Kindern gleichsam als Anknüpfungspunkt vorgehalten, wenn man sie von ihrem Gespür für sich selbst wegbringen und stattdessen den Verhaltensregeln der Bezugspersonen unterwerfen will.

Manche wählen dafür das Jammern. So etwa klagte meine depressive Mutter ohne jegliches Mitgefühl, wie es mir ginge, immer mit dem Satz „Kind, was tust Du mir an!" und übertrug damit ihre Angst vor meinem jähzornigen Vater auf mich. Ich verstand damals logischerweise nicht, was sie meinte. Ich war ein sehr braves stilles Kind (und wenn ich mir Fotos aus meiner Grundschulzeit ansehe, war ich vermutlich öfters depressiv verstimmt), aber manchmal zerriss ich mir im Spiel das Gewand (und Vater musste unwillig Geld hergeben, damit ich was Neues bekam) oder verletzte mich. Mit meinem heutigen Wissen würde ich folgende alternative Formulierung vorschlagen: „Da müssen wir uns jetzt überlegen, wie wir das Deinem Vater so sagen, dass er nicht gleich wütend wird … Hast Du eine Idee?" Damit hätte mich die gelernte, vom Ehemann aber mit Berufsverbot daheim gehaltene Grundschullehrerin schon damals zum sozial-kreativen Denken angeregt (nicht nur zum künstlerischen).

Manch andere hingegen empören sich. Sie „gehen in die Luft", was der Wortstamm „empor" im Begriff der Empörung bereits andeutet. Dabei verliert man aber leicht die „Bodenhaftung" und damit den Bezug zur Realität. Wohlmeinende Freunde appellieren dann „Komm wieder runter auf den Teppich!", aber meist ist eine Person in Rage nicht fähig zur Deeskalation – sie braucht Hilfe durch Dritte und viel Übung darin, „Energie bei sich zu behalten" – egal ob es Wutenergie ist oder Jammerenergie.[82] Ich vergleiche das gerne mit der Beherrschung der körperlichen Schließmuskulatur, die man ja auch erst einüben muss, und genau in dem dazu geeigneten Alter – so zwischen dem zweiten und dritten Lebensjahr – wäre auch die seelische Selbststeuerung möglich, wenn man es dem Kind vormacht (die Atemübungen) und gleichzeitig erklärt (mit der Aufforderung, auf die eigene Körperreaktion zu achten, während man übt).

Im Jammern macht manfrau sich kleiner als manfrau tatsächlich ist – und in der Empörung bläht man sich auf Luftballongröße auf, und da braucht es oft nur einen „Stich" und die „heiße Luft" entweicht und man sackt zusammen. Deswegen halte ich auch wenig von der medial geschürten Wutbürger-Propaganda, denn im Zustand von Wut und Zorn verflüchtigt sich das Vernunftdenken – und genau das braucht man, wenn man etwas sinnvoll und nachhaltig verändern will (und Unterstützung von anderen).

Als leerer Sack hat niemand die Kraft, sich aufzurichten. Um gegen Machtmissbraucher vorzugehen, braucht es aber die Kraft des ersten Schrittes ebenso wie Durchhaltevermögen und vor allem Personen, die einen stützen – und das besonders dann, wenn gegen sexuelle Belästigungen protestiert wird.

So erinnere ich mich an eine Frau, die soeben in der Großküche eines Großspitals angestellt und vom Chefkoch – dem einzigen Mann unter lauter Frauen – massiv sexuell bedrängt worden war. Im Wissen, dass sie das nicht dulden müsse und auch nicht wolle (auch wenn der Mann das – offenbar erfolgreich – bei Kolleginnen praktiziert hatte), wendete sie sich an die übergeordnete Dienststelle. Die Folge war, dass sie nicht nur von dem Mann der Verleumdung beschuldigt, sondern auch von allen Kolleginnen geschnitten wurde. Ich interpretierte das so: Die Frauen wollten ihren „Schambereich" (im Doppelsinn des Wortes) schützen – aber zu spät und am falschen Ort. Denn jede hatte vermutlich geglaubt, sie wäre die einzige „Favoritin" – und hatte erst bei der nächstfolgenden Neuen gemerkt, dass sie nur eine unter vielen wäre. Sich diese Ent-Täuschung zuzugestehen und sich in dieser Lage selbst gedanklich zu unterstützen, erfordert nicht nur Aufrichtigkeit, sondern auch Aufrichtung und Wahr-Nehmung: Wer war „guten Glaubens" gewesen? Wer war solidarisch? Und wer hatte (s)eine Machtposition ausgenützt? Im-Stich-gelassen-Werden aktiviert Urängste aus dem ersten Lebensjahr, wo Alleinsein lebensgefährlich werden kann – aber man kann sich entscheiden, den nächsten Schritt zu tun und damit seine Position, wenn auch minimal, zu verändern.

Daran musste ich denken, als die mutige Spitzenschiläuferin Nicola Werdenigg-Spieß (*1958) sexuelle Ausbeutung im Schizirkus der 1970er Jahre öffentlich machte.[83] Trotzdem viele wussten, dass ihre Vorwürfe den Tatsachen entsprachen, bekam sie nicht die solidarische Unterstützung wie die Sängerinnen, die den Dirigenten Gustav Kuhn sexueller Übergriffe ziehen[84]. Werdenigg blieb dennoch aufrecht.

Als ich Jura studierte und erfuhr, „Der Beschuldigte darf alles seiner Verteidigung Dienliche vorbringen – wahr muss es nicht sein", denn die Wahrheit sagen muss nur, wer Zeugnis ablegen muss (ob er oder sie es dann auch tut, ist eine andere Frage), war ich zuerst schockiert – denn das widersprach meinem laienhaften Gerechtigkeitsempfinden.

Öffentlich geworden ist die Ausnützung dieses Prinzips im Herbst 2018, als die ehemalige Nationalratsabgeordnete der österreichischen Grünen, die Soziologin Sigi Maurer, zotige SMS erhielt und nachvollziehbar war, von welchem Account sie weggemailt worden waren, nämlich dem des Besitzers eines auf ihrem täglichen Heimweg gelegenen Bierlokals. Obwohl anhand der Stilistik und markanter Rechtschreibfehler die Nachricht diesem Herrn zugeordnet werden konnte, behauptete dieser, sein Laptop wäre allgemein zugänglich gewesen und irgendein Jedermann hätte diese Nachrichten verfasst. Er klagte Maurer wegen übler Nachrede und Ruf- und Kreditschädigung.

Obwohl der Richter dieser Behauptung dezidiert keinen Glauben schenkte, verurteilte er dennoch Maurer, weil sie nicht beweisen konnte, dass der Mann der Urheber der obszönen Belästigung war. Erfreulicherweise kamen nach einem Spendenaufruf zur Deckung von Maurers Prozesskosten innerhalb einer Woche 100.000 € zustande und Maurer konnte die Oberinstanz anrufen. Deren Urteil steht derzeit noch aus.[85]

Als mich Ernest Borneman 1991 ebenso wegen übler Nachrede und Ruf- und Kreditschädigung geklagt hatte, wurde ich von Medienrichter Ernest Maurer freigesprochen, indem er meine Aussagen (für die ich den Wahrheitsbeweis angeboten hatte) als politisch motivierte Kritik wertete: Als bekannte Pionierin gegen sexuelle Ausbeutung von Kindern hatte ich wider Bornemans Gegenpositionen „für die Befreiung des Kindes" (nämlich zu Geschlechtsverkehr mit Erwachsenen) Opposition bezogen.[86] Das hätte ich eigentlich auch bei Sigi Maurer erwartet …

Ich habe damals zwischen ängstlicher Schutzbedürftigkeit und rachsüchtiger Empörung geschwankt – immerhin hatte Borneman (1915–Selbstmord 1995) als berühmter Sexkolumnist diverser deutscher Illustriertermit unwahren Behauptungen sowie permanenter Verwendung meines Vornamens in etlichen Zeitungen gegen mich (eine außerhalb von Fachkreisen weitgehend unbekannte Psychotherapeutin) pamphletiert – er hatte ja die „kollegialen" Medienkontakte. Damals habe ich erkannt, dass ich seine Verleumdungen nicht aus der Welt schaffen könnte, so sehr ich mich auch wehren wollte, sondern nur aufrecht die Zeit durchstehen, bis sich herausstellen würde, dass ich nicht so sei wie er behauptete. (Bei seinem Fan-Club war das ohnedies nicht möglich.) Aber mein Wahrnehmen, Denken, Argumentieren und Insistieren wollte und will ich mir auch heute nicht verbieten lassen.

> Einer der Sätze meines Credos lautet: Was redlich ist, kann man auch bereden – und was nicht redlich ist, sollte man nicht einmal denken.

In manchen Fällen liegt es an der männlichen Fehlsicht, leitende Aufgaben müssten dem besten Fachmann – das Wort Fachfrau muss erst im allgemeinen Sprachgebrauch verankert werden – anvertraut werden, daher sei es nur gerecht, unentwegt nach möglichen Fehlern der Chefin zu suchen und sie nach außen und oben zu melden.

Kaum werden experimentelle Entscheidungen wie die Beschäftigung eines selbsternannten Bewusstseinsforschers (und vormaligen Auto-

händlers, aber auch Unternehmensberaters)[87] *publik, suchen missgünstige potenzielle Nachfolger in anderen vergleichbaren Institutionen, ob sich da nicht auch etwas Gleichartiges gegen andere Chefs oder Chefinnen finden lässt. Ähnliches kann man auch in Wahl- oder anderen Besetzungs„kämpfen" beobachten.*

Der immer passende Vorwurf ist der der Verschwendung, wenn Fachkräfte von außen engagiert werden – auch wenn das Aufgabengebiet nicht in den Arbeitsaufträgen enthalten ist, auch niemand in Personalstand die erforderliche Qualifikation und die Ressourcen besitzt und das Investitionsvolumen unter der Grenze für Ausschreibungspflicht liegt. Auffallend ist bei diesen – leider sehr häufigen – „Abschussversuchen", dass sie immer dann einsetzen, wenn eine übergeordnete Führungskraft das Ressort wechselt, die man als „Mentor" des identifizierten Mobbingopfers angesehen hatte. Die Verfolger rechnen nämlich damit, dass sich alle denjenigen anschließen werden, die am lautesten schreien.

Robert Cialdini nennt dies in seinem Grundsatzwerk „Die Psychologie des Überzeugens" das „Prinzip der sozialen Bewährtheit": Es wird das (oft auch nur vermutete) Verhalten anderer als Informationsquelle für das eigene Verhalten herangezogen.[88] Allerdings kann der Nachahmung unsolidarischen oder unsozialen Verhaltens nach dem gleichen Prinzip entgegengewirkt werden – man muss nur das soziale Verhalten konsequent vorleben.[89]

Im Jahr 2007 schrieb ich jeden Montag auf orf.online eine psychologische Kolumne zum aktuellen Tagesgeschehen – und gleichzeitig wurden die darauf folgenden Postings von Studenten des Instituts für Kommunikationswissenschaften und Publizistik der Universität Wien auf sexistische, rassistische, ageistische oder andere Diskrimi-

nierungen untersucht. (Hate speech war damals noch kein Problem.) Als ich nach Abschluss des Projekts mit den Leitenden der Online-Redaktion die Ergebnisse besprach, wurde mir von diesen meine Erfahrung bestätigt, dass Negativkommentare sofort aufhörten, wenn nur ein Poster sich dagegen aufrichtete und wertschätzend (!) eine andere, nämlich sachliche Sichtweise vertrat.

Die legendäre Pionierin der Demoskopie in Deutschland, Elisabeth Noelle Neumann (1916–2010), konnte auf Grund von Realitätssimulationen die Annahme bestätigen, dass die Bereitschaft, im Gespräch die eigene Position zu deklarieren, mit der Überzeugung korreliert, bei strittigen Themen siegreich zu sein.[90]

Andju Sara Labuhn hat ihrer Studie über Zivilcourage ein berühmtes Zitat Kurt Tucholskys (1890–1935) vorangestellt: „Nichts ist schwerer und erfordert mehr Charakter, als sich in offenem Gegensatz zu seiner Zeit zu befinden und zu sagen: Nein!"[91]

Heute, in der Zeit der Handy-Filmer, kommt noch eine Schwierigkeit dazu, nämlich zu sagen: „Tu was!" und möglichst gleich, konkret was. Labuhn beschreibt am bekannten Fall „Kitty Genovese" (deren fast eine Stunde dauernde Ermordung auf dem Parkplatz vor ihrem Appartement 1964 nach dreimaligen Messerattacken – der Täter entfernte sich immer wieder und kam nochmals zurück – von 38 Menschen beobachtet worden war, ohne dass irgendjemand etwas unternommen hätte.[92]) den sogenannten Bystander-Effekt: Mit zunehmender Anzahl anwesender Personen nimmt die Bereitschaft, etwas zu unternehmen ab – man wartet, dass es wer anderer tut. Labuhn führt dies auf „pluralistische Ignoranz" (Fehlinterpretation des Geschehens), „Verantwortungsdiffusion" und „Bewertungsangst" (man befürchtet eigene Inkompetenz) zurück.[93] Ich hingegen lege den Schwerpunkt darauf,

Mangel an Verhaltensmodellen aufzuzeigen und durch möglichst präzise Anleitungen zu beheben.

Aus genau diesem selbst erarbeiteten Erfahrungswissen plädiere ich immer wieder dafür, egal wie sehr man *verbal* attackiert wird (z. B. auch in elektronischer Post), weder aggressiv noch resignativ, sondern standhaft, ernsthaft und respektvoll zu reagieren und auf Siegeslaunen zu verzichten. (Ich betone verbal – denn bei körperlichen Attacken muss, soll und darf man sich wehren!) Diesen Verzicht auf verbale Gegengewalt kann man eventuell – wenn man das für sein Ego unbedingt braucht – auch verbalisieren. Ich verwende dazu immer die Wörtchen „mögen" oder „möchten": „Ich möchte … ernst nehmen, daher hätte ich gerne mehr Information …" In Sozialarbeiterkreisen ist es üblich, das eigene ernsthafte Bemühen mit den Worten „Das ist mir wirklich wichtig" zu betonen.[94] Die meisten Menschen rechnen mit abwertendem Widerspruch und in der Folge verbalen Kämpfen, daher schließen sie sich gerne der Mehrheit an – sogar der „schweigenden", denn Schweigen gilt als Zustimmung (ein Rechtsgrundsatz).

In der Methode des Dialogs – nicht zu verwechseln mit dem Alltagsbegriff, der nur Wechselrede bedeutet, und ebenso nicht mit „aktivem Zuhören", das nur im Wiederholen der Rede des anderen mit eigenen Worten besteht, um zu klären, ob man ihn oder sie auch richtig verstanden hat –, die auf den Wiener Religionswissenschaftler Martin Buber (1878–1965) und den Quantenphysiker David Bohm (1917–1992) zurückgeführt wird, wird zuerst versucht, Gesprächspartner zu verstehen, bevor man selbst antwortet. Üblich ist ja, während der andere redet, schon an der eigenen Replik zu arbeiten (und daher nur oberflächlich zuzuhören, wenn überhaupt).[95]

In der Zeit, als ich JuSo-Funktionärin, aber vermutlich noch nicht gewählte (das war ich dann 1973–1987) Kommunalpolitikerin im größten Wiener Gemeindebezirk war, begann die spätere erste Frauenministerin Österreichs und damals gerade erst zur Wiener Frauensekretärin bestellte Johanna Dohnal, gezielt junge Frauen rhetorisch zu Debattenrednerinnen auszubilden. Ich kann mich noch gut erinnern, wie wir Nachwuchspolitikerinnen im gewerkschaftlichen Bildungszentrum Lindabrunn in Vorbereitung auf die parteiinternen Diskussionen gegeneinander – einmal pro und dann wieder kontra Fristenlösung – argumentieren mussten. Damals wurden wir immer wieder ermahnt, nicht in die Falle weiblicher Versöhnlichkeit zu tappen, sondern konsequent daran zu arbeiten, Streitgespräche siegreich zu bestehen. Diese Trainings waren rein kognitiv auf die Konstruktion von inhaltlichen wie auch sprachlichen Angriffen (und auch Verwendung von sogenannten Killerphrasen) ausgerichtet. Das war wohl auch nötig, um die meist schon in der Kindheit – also der 1940er und 1950er Jahre – des lieblichen Frauenrollenbildes wegen abgewürgte Kampflust wieder zum Leben zu erwecken. Auch dies war ein Aufrichten – sowohl als Individuum als auch als Teil eines Kollektivs.

Im Zuge meiner Ausbildung und Praxis zuerst in Psychoanalytischer Sozialtherapie bei Harald Picker und weiter dann zur Psychoanalytikerin und Tiefenpsychologin wurde mir jedoch bewusst, wie sehr dieses Kampfverhalten die Seelen anderer, aber auch meine eigene schädigte: wenn man sich quasi zur Waffe macht, um andere zu bekämpfen, verengt man nicht nur seine Wahrnehmung zu einem Tunnelblick, sondern verspannt die Kiefer- und Nackenmuskulatur und nimmt die Haltung ein wie ein Raubvogel, der zustoßen will. Sich ernsthaft mit gegensätzlichen Ansichten auseinanderzusetzen galt als Schwäche, wir Frauen sollten aber als Politikerinnen männliche Stärke – oder was dafür gehalten wird – verinnerlichen. Ich meine dagegen: Es gilt, weibliche Stärke zu kreieren und dabei Individualität und eigene Werte zu behaupten.

Im rechten Lot
Fünfzig Jahre nachdem ich erstmals in politische Funktionen gewählt wurde und nach über vierzig Jahren „teilnehmender Beobachtung" in Wirtschafts- wie auch Politgremien weiß ich: Wahre Stärke liegt darin, die jeweiligen Gegensätze „in die Mitte zu bringen", anstatt sich einseitig auf das eine oder andere Ende einer Bandbreite von Verhaltensoptionen zu „flüchten".

Wenn man anderen ohne kritische Überprüfung gestattet, Begriffe zu definieren, bekommt man deren Sichtweisen (und Bewertungen) aufgelastet. Bevor man sich also aufrichtet, um in der eigenen Mitte –„im rechten Lot" – zu sein, wenn man die eigene Sicht der Dinge behaupten (da steckt wieder das Wort „Haupt", nämlich das erhobene Haupt!, drin) will, gilt es zuerst „die Ohren aufzurichten" und genau hinzuhören.

Als ich 1985/86 auf Anraten eines Schulpsychologen – Danke, Gottfried Banner! – meine NLP-Ausbildung absolvierte, hatte diese noch nicht in Verkaufs- und Polittrainings Einzug gehalten. Gut zehn Jahre später wurde der plötzliche Erfolg der FPÖ auf NLP-Perfektion zurückgeführt. Ich wurde damals von einer Trainerfirma, die jemand suchte, der/die NLP konnte und SPÖ-Mitglied war, engagiert, die Öffentlichkeitsarbeiter der Partei mit den Methoden vertraut zu machen, die für künftige Wahlauseinandersetzungen wesentlich sein könnten – und war verwundert, dass die Gruppe all diese Ansätze als „unethisch" ablehnte. (Das hat sich zwischenzeitlich ins Gegenteil verkehrt, wie man nicht nur am Wirken Tal Silbersteins 2017, sondern bei manchen Funktionären generell beobachten kann.)

Psycho-Methoden sind fast immer wertneutral – es liegt am Denken und Handeln der Person, die sie anwendet, ob sie schaden oder fördern.

Seitdem die in den USA lehrende Hamburger Linguistikforscherin Elisabeth Wehling (*1981) 2016 einen Vortrag auf dem alljährlich in Wien stattfindenden Journalistinnenkongress gehalten und vieles, was zu den Standardtechniken des NLP zählt[96], als „kognitionslinguistische Diskursanalyse" vorgestellt hat, finden sich von Zeit zu Zeit Publizist*innen, die Politreden auf – angeblich bewusste – Manipulationsformulierungen hin analysieren. Dazu zählen auch die „Frames" (Rahmungen); eine Aussage empört als Manipulation zu bezeichnen, wendet dann den Rahmen „Betrug" an. Meist sagt diese Reaktion mehr über das Denken der Empörten aus als über das der Politiker. Politiker lernen wie wir alle von Vorbildern und gezielter „Erziehung" (nur heißt sie dann Coaching), und wenn etwas oft genug nachgeahmt wurde, sitzt es unbewusst im Verhaltensrepertoire (wie beispielsweise Autofahren). Um zur eigenen Aufrichtigkeit zu gelangen, ist aber wesentlich, den Mechanismus dieser „Gehirninvasionen" zu erkennen und in Frage zu stellen, denn diese geschehen unentwegt, weil wir imitieren, was uns vorgemacht, und verinnerlichen, was uns vorgesagt wurde und wird – privat wie beruflich und gesellschaftlich. Deswegen warnt Wehling auch, „Frames zu negieren bedeutet immer, sich gedanklich auf sie einzulassen"[97]. Ihr Beispiel dazu betrifft eine sparsame Mutter, die ihren Sohn als „verschwenderisch" einrahmt, während er sich als schenkfreudig sieht. Wehling schreibt, er müsse diesem Frame – der Weltsicht seiner Mutter – mit seinem eigenen widersprechen: sich bloß als „großzügig" bezeichnen, statt sich zu verteidigen. Das wäre ein klassisches Reframing, oder „Verrücken", wenn man der – älteren – Methode von Harald Picker folgt. Sein Musterbeispiel war immer die Polarität „unmöglich/verboten" gegenüber „kreativ/innovativ" (d. h. eine Bewertung gegen eine andere Bewertung), oder: eine Ethik („Was ist richtig?") gegen eine andere Form von Ethik.

Wehling schreibt auch: „Unser soziales Miteinander ist ein Wettlauf um die ersten Plätze"[98] – und rahmt dabei mit der Metapher einer sportlichen Konkurrenz. Sport hat aber immer klar festgelegte Regeln – die des sozialen Miteinanders hingegen variieren nach Zeit und Raum und zählen höchstens zu Moral und Sittlichkeit (und das gilt derzeit als unmodern). Man könnte hier aber auch mit der Metapher Zusammenarbeit rahmen, dann würde der Satz etwa lauten: „Unser soziales Miteinander ist ein Bemühen, einander zu unterstützen." Immer wieder wiederholt, würde sich das dann im Laufe der Zeit auch in den Berufs- wie Privatbeziehungen auswirken … vor allem wären dann die vielen Benachteiligungen und Übervorteilungen, vor allem aber auch die verbalen Über- und Untergriffe eine echte Verletzung dieser Generalregel. Wenn also jemand dies nur predigt, aber sich selbst nicht daran hält – wie z. B. bei „Gemeinsam"- oder „Miteinander"-Parolen in Wahlauseinandersetzungen – nimmt er oder sie sich Glaubwürdigkeit wie auch Respekt vor der Wählerschaft.

Unterstützen ist ein Zauberwort: Es hilft anderen, sich aufzurichten.

So hielt ich einmal ein von ihm akquiriertes Seminar für niederösterreichische Jugendbetreuer gemeinsam mit dem ehemaligen pädagogischen Leiter in den Jugendzentren der Stadt Wien, einem Soziologen. Da ich infolge der psychologischen Anfragen ziemlich viel

Raum in Anspruch genommen hatte, war unsere Zeitbilanz nicht gerade ausgeglichen (was mir im Arbeitseifer gar nicht aufgefallen war). Nach Beendigung der dreitägigen Arbeit fragte er mich: „Hab ich Dich auch genug unterstützt?" Da war es mir dann klar – und gleichzeitig war ich gerührt und dankbar für diese Formulierung.

Rilkes Gedicht, dessen Anfangszeilen ich diesem Kapitel vorangestellt habe, kann man auch so interpretieren, dass darin die Phantasien derjenigen angesprochen werden, die jemand „erhöhen", um ihn oder sie dann nieder zu machen. Die weiteren Zeilen lauten: „Du kannst mich dunkel unterscheiden von jenen Dingen, welche knien". Ja, damit muss manfrau rechnen: Manche Menschen wollen sich gar nicht von ihren Vorurteilen – und Vorteilen! – trennen, denn dann müssten sie sich Zeit nehmen, genau hinzusehen, um zu erkennen, was sie stört – beispielsweise, dass jemand nicht kniet, so wie sie es gerade oder auch immer tun oder vom anderen wollen. Rilke findet noch andere Worte für diese „knienden Dinge": „Sie sind wie Herden und sie weiden" – sie konsumieren. Er, der Dichter, sei der Hirte, der hinter ihnen herkommt, wenn sie ihren Weg zur Abendruhe einnehmen – und er formuliert das Gedichtende zweideutig mit einem Brückenschlag in die Zukunft: „... in dem *Rauch von ihrem Rücken* verbirgt sich meine Wiederkehr."[99] (Hervorhebung von mir.)

5. Haltungen

Wege zur Selbstaufrichtung und wie man aufrechte Gesinnung gegen andere verteidigt.

> You raise me up, so I can stand on mountains
> You raise me up to walk on stormy seas
> I am strong when I am on your shoulders
> You raise me up to more than I can be ...
> Liedtext Josh Groban

Unterstützung von anderen tut gut, weil sie Energiezufuhr bedeutet[100] und damit Energieverluste ausgleichen kann. Genau deswegen braucht man sie, wenn man „gebrochen" werden soll, wenn man einen Schlag in den Rücken bekommen hat oder seelisch „angeknackst" ist. Und dennoch ist sie nur „Halt von außen". Das Entwicklungsziel hingegen sollte „Halt von innen" sein: Menschen haben ihre „Struktur" – den „Stützapparat", vor allem ihr Rückgrat und ihre Knochen – innen (im Gegensatz zu beispielsweise Krebsen, die ihre Struktur außen haben).

| Zur Haltung gehört ein „guter Stand".

An der Art, wie jemand steht, kann man bereits erkennen, wie fest er oder sie auf dem Boden „verankert" ist. Besonders auffällig ist dies in der von vielen als drohend erlebten breitbeinigen Kraftdemonstration von Polizist*innen, wenn sie abwartend menschliche

Barrieren bilden. Demgegenüber ist jemand – meist Frauen, die die Posen von Models imitieren – in einseitiger Gewichtsverlagerung (ein angewinkeltes Bein) leicht erschütterbar. (Ich schreibe bewusst nicht „leicht aus dem Gleichgewicht zu bringen", denn in dieser Haltung ist manfrau nicht im Gleichgewicht! Und auch nicht, wenn man ein Bein über das andere legt!)

Wenn man sich also geschwächt, kraftlos, unterstützungsbedürftig fühlt – also in eine frühere Entwicklungsphase regrediert (zurückfällt) –, sollte die erste Reaktion die Überprüfung und Korrektur der eigenen Körperhaltung und bitte auch Atmung sein! Im Sinne von „Fake it until you make it!" („Spiele es vor, bis du es kannst!") aktiviert man damit zumindest einmal bewusst seine Muskulatur und gewinnt dadurch auch Zeit, sich die Worte – Autosuggestionen – auszudenken, die den nächsten Wachstumsschritt einleiten.

Auch das Wort Wachstum kann Zauberkraft entwickeln – dann nämlich, wenn man sich innerlich in etwa sagt: „Jetzt muss ich über mich hinauswachsen …", pflegt man gleichzeitig tief einzuatmen und sich mehr oder weniger aufzurichten (zur Erinnerung: Das ist das, was Eugene Gendlin als „body shift" bezeichnet).

Besonders beeindruckt hat mich diese Formulierung, als sie mir von einer Klientin berichtet wurde: Die zierliche und eilfertige Psychologin war gepaart mit einem (mir nur aus ihren Erzählungen bekannten) großen und „gewichtigen", daher auch bedächtig langsamen Psychotherapeuten. Die beiden hatten oft Konflikte, wenn sie ihn frühmorgens im Spital anrief und fragte, ob er abends mit ihr z. B. ins Kino gehen würde, er aber sagte, er hätte Klienten in der Privatpraxis. Wenn er dann zu Mittag anrief, er habe die Klienten zeitlich verschieben können und sie erklärte, sie habe sich bereits mit anderen verabredet, war er verärgert. Ich schlug damals vor, sie möge ihm doch die – erfahrungsgemäß – vier Stunden Zeit anbieten, dass er sich auf die neue Situation einstellen könne – oder auch nicht. Als sie ihm diesen Vorschlag machte, reagierte er mit einem tiefen Seufzer und eben dem Satz: „Da muss ich halt jetzt einen Wachstumsschritt machen!"

Wenn man seine Haltung selbstbestimmt ändern will, muss man zumindest ein Gespür für den Ist-Zustand und eine Vision für den Soll-Zustand besitzen.

Wenn man kleine Kinder im Alter so ungefähr um den vierten Geburtstag beobachtet, merkt man, wie sie andere Leute „nachspielen". Sie probieren damit ohne es zu „wissen" den Zugang zur „Einfühlung" in die anderen, in die „Vor-Bilder", aus – und dies kann auch wissentlich als Methode genutzt werden. Wichtig dabei ist das schrittweise Nachahmen – so wie auch Schauspieler sich ihre „Rolle" erarbeiten, nur haben die im Gegensatz zu den Kleinkindern Kolleg*innen und Spielleiter*innen, die ihnen – hoffentlich ohne Demütigungen – im Sinne eines gemeinsamen Zieles Feedback geben. In Familie und Schule ist das oft nicht der Fall, da wird oft eher gespottet, wenn jemand etwas nachahmt.

Mir hat beispielsweise die Grundschullehrerin eines meiner Söhne erzählt, dass er als Einziger nachmachen konnte, wie es aussieht, wenn man auf dem Mond gehen will – und dabei von der ganzen Klasse ausgelacht wurde und sie große Mühe hatte, den Ignoranten zu erklären, was Schwerkraft sei und wie sich deren Fehlen auswirke.
Eine ähnliche Erfahrung hatte ich gemacht, als ich – damals noch als einziges Mädchen mit Dispens in einem altsprachlichen Gymnasium

für Knaben –, *als wir im Deutschunterricht mit verteilten Rollen Goethes „Faust" vortrugen, logischerweise den Part des Gretchen zu sprechen bekam und versuchte, bei dem Gebet „Ach neige Du Schmerzensreiche" mich in die Gefühle von Angst, Verzweiflung und doch auch Hoffnung einzufühlen – mit der Folge, dass der Deutschprofessor mich mit „Kratochwill, jeier nicht!" zurecht wies.*

Im NLP (Neurolinguistischem Programmieren), das ja aus der Beobachtung und Anleitung zur Nachahmung der damals erfolgreichsten Psychotherapeut*innen (des Hypnotherapeuten Milton Erickson, des Gestaltpsychotherapeuten Fritz Perls und der Systemischen Familientherapeutin Virginia Satir) konstruiert wurde, wird empfohlen, die gleiche Körperhaltung einzunehmen wie die Person, der man eine Fähigkeit „abschauen" will. „In Rapport[101] gehen" wird das genannt, und es ist quasi die „Rechenprobe" zu dem spontanen Verhalten, das hocheinfühlsame Therapeut*innen ohne besondere Selbstkontrolle gleichsam automatisch an den Tag legen.[102]

Einen guten Stand zu haben, kann man aber nicht bloß als Körperhaltung und damit auch Verkörperung geistiger Selbstsicherheit verstehen, denn das Wort „Stand" hat ja auch die Bedeutung der Position in der gesellschaftlichen Rangordnung. (Siehe das oben zitierte alte Eherecht des ABGB aus 1811, wonach es in der Urfassung noch hieß, die Ehefrau dürfe die „Rechte" des „Standes" des Ehemannes „genießen"!) Ich führe jetzt die Metapher vom Stehen, die in diesem Wort eingerahmt ist, weiter und formuliere: „Zu sich stehen" heißt dann auch, sich nicht durch die Einordnung in einen bestimmten „Stand" durch andere verkleinern zu lassen, sondern seinen „Stand", „Standpunkt" und „Standort" zu behaupten, unabhängig davon, ob und wie versucht wird, einem/einer „einen Stand" zuzuweisen, der logischerweise den anderen Vorteile bringt.

„Kleider machen Leute" ist der Titel einer Novelle in dem mehrbändigen Sammelwerk „Die Leute von Seldwyla" des Schweizer Dichters und Politikers Gottfried Keller (1819–1890), ein Motiv, das sich auch in der Operette „Der Bettelstudent" von Carl Millöcker (1842–1899) wiederfindet wie auch in Carl Zuckmayers (1896–1977) mit Heinz Rühmann prominent verfilmtem Theaterstück „Der Hauptmann von Köpenick", aber: Kleidung allein macht nicht das „standing", sondern das „Auftreten" und das bedeutet nicht nur die „Gangart", sondern primär die Atmung, denn die bestimmt bei beiden den Rhythmus – wenn nicht bewusst kontrolliert wird.

David Boadella erklärt seine körpertherapeutische Arbeit zur Veränderung von „Haltung" (im Doppelsinn des Wortes) als

- Atembefreiung,
- Emotionales Zentrieren („centring"), *also Achtsamkeit auf die eigene Gefühlslage und ihre Veränderungen,*
- Lösung und Neuformung des Muskeltonus, *also Entspannung von Verkrampfungen und Fehlhaltungen,*
- Erden („grounding") – das bedeutete angemessenen Kontakt mit dem Boden, der uns trägt, *also auch Achtsamkeit auf Fuß-Empfindungen wie etwa das Aufstellen der Zehen,*
- Anschauen („facing") und Gestaltung von Erfahrung durch Augenkontakt *und damit Bereitschaft, sich von der Blick-Ausstrahlung anderer „betreffen" bzw. „rühren" zu lassen,* und
- Stimmliche Vermittlung (Neu-Ansprechen), *also zur Sprache bringen dieser Erfahrungen. (Kursiv Gesetztes ist meine Interpretation.)*

Auf diese Weise wird auch Fühlen, Denken und Handeln integriert[103], und, betone ich, synchronisiert: denn die unangenehmen Gefühle auf Grund seelischer „Nackenschläge", die Krümmung auslösen, folgen ja meist mit Zeitverzögerung, bestimmen mehr Zeit als nur einen Augenblick lang das Denken und finden spät, wenn überhaupt, zum Handeln.

Oft hilft bereits, langsamer und tiefer zu atmen, um die eigene Resilienz zu stärken. Man löst damit die Verkrampfung, die auf einen „Stich ins Herz" (das Spüren eines Adrenalin-Ausstoßes, wenn sich der Körper automatisch kampf- oder fluchtbereit macht) folgt und „schaltet" das Vernunftdenken wieder „zu".

Steuern statt unterdrücken

Der führende indische Lehrer der Vipassana-Meditation, Satya Narayan Goenka (1924–2013), antwortete auf die Frage William Harts, ob es nicht eine Form von Unterdrückung sei, seine Handlungen ständig unter Kontrolle haben zu müssen: „Nein. Sie lernen das reine, objektive Beobachten dessen, was passiert, was immer es sei. Wenn jemand verärgert ist und versucht, seinen Zorn zu verbergen, ihn hinunterzuschlucken, dann ist es in der Tat ein Unterdrücken. Aber durch das Beobachten des Zornes werden Sie feststellen, dass er ganz von selbst vergeht. Sie werden vom Zorn befreit, wenn Sie lernen, ihn zu beobachten."[104] Aufgabe der Meditation ist allein die Selbstbeobachtung: „Wieviel Unbehagen die unangenehmen Empfindungen auch immer bereiten mögen und wie reizvoll die angenehmen auch immer sein mögen, wir lassen nicht nach mit unserer Arbeit, lassen es nicht zu, dass wir von irgendeiner Empfindung abgelenkt oder ganz vereinnahmt werden."[105]

Zur Beachtung: Meditation sollte unter geschützten Bedingungen stattfinden – in Stille, Einsamkeit, Reizarmut. Zumindest für Neulinge. Wenn man geübt ist, kann man dann (zumindest minutenweise) auch in der U-Bahn meditieren – aber optimal ist das nicht, und „sinn"voll auch nicht. Aber es kann helfen, kurz aus dem Alltagsbewusstsein auszusteigen und seinen „felt sense"[106] zu orten – und der wird einem dann schon vermitteln, dass man sich mehr Zeit für sich und seine innere Tiefe gönnen sollte, vor allem, um sich von genau den Bewertungsmechanismen zu befreien, die meist die Auslöser der unguten Gefühle waren.

Paul Ekman (*1934), wegen seiner Gesichtsanalysen berühmter, aber nicht unumstrittener US-amerikanischer Anthropologe und Psychologieprofessor, listet neun Wege auf, wie Gefühle ausgelöst werden. Als den häufigsten bezeichnet er den über „automatische Bewertungsmechanismen". Darunter versteht er Reaktionen, die in der „emotionalen Bewertungs-Datenbank" gespeichert[107] sind. Diese ist für „Neuzugänge" offen: Waren es früher Eltern, Lehrkräfte und andere Bezugspersonen, die für ihren Inhalt sorgten, sind es in der heutigen Mediengesellschaft vor allem die sozialen Netzwerke und nicht einmal mehr die Print- oder audiovisuellen Medien. Bei einer Zeitung konnte man sich noch an der Blattlinie orientieren, „wes Geistes Kind" sie war, vorausgesetzt, sie deklarierte sich oder man merkte bei kritischem Lesen, für wen und gegen wen dort publiziert wurde – und wer und was totgeschwiegen wurde. Bei Facebook und Twitter besteht hingegen die Gefahr, dass man aus Sympathie für die „Befreundeten" deren Ansichten unkritisch übernimmt, weil man ihrem Urteil vertraut.

Dem gegenüber stellt Ekman die reflektierte Bewertung und ortet sie in mehrdeutigen Situationen, auf welche die automatischen Bewertungsmechanismen noch nicht eingestellt sind. Das Beispiel, das er dazu bringt, ist die wohl vielen bekannte Situation, dass jemand unaufgefordert anfängt, sein Privatleben vor einem auszubreiten und einen damit in Zeitnot bringt. Irgendwann wird einem das bewusst und es übernehmen die automatischen Bewertungsmechanismen die Vorherrschaft und man bekommt ein abwehrendes, beispielsweise ärgerliches Gefühl – quasi ein Signal, dass man das Gespräch beenden will bzw. sollte. Vielfach fehlt dann das dafür dienliche Modell und der Ärger erweitert sich, weil man nunmehr auch auf sich selbst und den Mangel am passenden Schluss-Satz verärgert ist.[108] Ekman meint, der Preis, den man für diese reflektierte Bewertung zahlen müsse, bestehe in Zeit; die brauche es eben, bis das Bewertungssignal entstehe, bemerkt und umgesetzt würde. Er zitiert dazu ein Gespräch mit dem Dalai Lama, der dies „destruktive Emotionen" nenne und auf buddhistische Praktiken verwiesen habe, mit denen man sich von ihnen befreien könne. Ekman schreibt: „Nach vielen Jahren des Übens scheint es möglich, dass man in den meisten Fällen die Wahl hat, nicht emotional zu reagieren, oder wenn doch, dann so zu handeln und zu reden, dass man anderen damit keinen Schaden zufügt.", und er drückt seine Hoffnung aus, in Zukunft herauszufinden, „wie das möglich wird, und ob es andere Mittel gibt, es *in kürzerer Zeit* zu erreichen."[109] (Hervorhebung von mir.)

Genau darin sehe ich aber das Problem: sich nicht die Zeit gönnen zu wollen, die eigenen Gefühle als Ratgeber zu nutzen. Gefühle haben wir nämlich immer – nur geben wir ihnen oft falsche Bezeichnungen und diese haben Suggestivcharakter, der unser weiteres Verhalten bestimmt und möglicherweise Negativfolgen nach sich zieht.

Ein Beispiel, das ich immer wieder zitiere und bereits oben angesprochen habe, betrifft die Bezeichnung „Eifersucht". Ich habe in den 1990er Jahren das erste Mal die Methode der „Sprachproben" (analog zu „Rechenproben") angewandt, als sich eine Klientin beklagte, dass sie mit ihrer Eifersucht ihre Beziehung gefährde. Die junge Frau war aus einem skandinavischen Land der Liebe wegen in Wien gelandet und als Lebensgefährtin in den Freundeskreis ihres Partners eingeführt worden. Dabei begegnete sie auch ihrer unmittelbaren „Vorgängerin" und grämte sich über den mit ihr gepflogenen vertrauten Umgang ihres Mannes. Sie machte ihm Vorwürfe. Ich bat sie, mir einige dieser Begegnungen zu schildern. Das mache ich immer, um mitfühlen zu können, welche Emotionen aufsteigen und ob dabei Blickwinkel außer Acht gelassen werden – so wie man eben erzogen wurde, Erscheinungsformen in nur einer Weise zu bewerten. Sie erzählte, dass sie bei den lang dauernden Gesprächen – „Was gibt es Neues? Woran arbeitest du gerade?" etc. – unbeteiligt danebenstünde und merke, wie sie sich immer unbedeutender und hilfloser fühle und dem, wie sie vermutete, an ihr nicht mehr Interessierten, später dann, daheim, heftige Vorwürfe machen.

Ich deutete ihre Heftigkeit als aufgespeicherten Kraftzuwachs, der ihr helfen wolle, ihrer Hilflosigkeit zu „entwachsen", indem sie nämlich ihrem Mann wahrheitsgemäß und ohne Kampfaufforderungen mitteile, wie es ihr in diesen Situationen gehe und was sie von ihm brauche, um nicht in die bekannte und unterdrückte Kampfstimmung zu geraten. Als sie dann zu reflektieren begann, kam sie auf die Lösung: Er bräuchte sie einfach nur an der Schulter zu nehmen und an sich heranzuziehen und könne dann sein Gespräch ruhig lange weiterführen. Im Klartext: Sie brauchte eine „Zugehörigkeitsgeste".

Deswegen empfehle ich immer wieder, „normale", nämlich sachlich begründete Konkurrenz, kämpferische Rivalität, hochaggressive Eifersucht (die bereits ein Krankheitsbild andeuten kann!), reales Benachteiligungsempfinden und das Gefühl „Ich will das nicht!" zu differenzieren. Oft bilden mehrere Puzzlesteine aus all diesen möglichen Gefühlen einen emotionalen Einheitsbrei. Ich setze bei dem Gefühl des Unwillens an und lade ein, stattdessen zum Gefühl des Wünschens und Wollens passende geistige Bilder zu entwickeln (und anschließend die Sätze, mit denen man das mitteilen mag).

Diese „Methode" kann man bei jedem Gefühl anwenden, das man nicht „anhalten" will; man kann nicht vermeiden, dass aus der „emotionalen Bewertungs-Datenbank" alte Interpretationen auftauchen, aber man kann sie *sofort* stoppen und transformieren – man darf sie nur nicht *sofort* unterdrücken.

> Du kannst nicht verhindern, dass Vögel über deinen Kopf fliegen – aber du kannst verhindern, dass sie in deinen Haaren ein Nest bauen. (Chinesisches Sprichwort)

Ekman findet aber noch sieben weitere Wege[110], wie sich Gefühle bemerkbar machen: durch Erinnerungen, Fantasien, Gespräche über zurückliegende Erfahrungen, Miterleben emotionaler Reaktionen anderer (auch beim Lesen oder Fernschauen), Anerziehung (wenn man als Kind z. B. immer wieder gehört hat, „Da muss man doch in die Luft gehen!"), Tabubrüche und Grenzüberschreitungen (Ekman schreibt „Normverletzungen") und den Gesichtsausdruck (die Veränderung der Gesichtsmuskeln – und das kann weitgehend dem eigenen Willen unterworfen werden, so wie beispielsweise das oft berufene Lächeln vieler Ostasiaten).

Gefühle sind ansteckend

Seit Mitte der 1990er Jahre wurden von italienischen Neurophysiologen mit Hilfe der bildgebenden Verfahren in der Gehirnforschung die sogenannten Spiegelnervenzellen entdeckt. Sie konnten feststellen, dass bei der Beobachtung des Tuns die gleichen Nervenzellen zu feuern begannen wie bei den beobachteten Menschen, und nannten diese Spiegelneuronen[III]. Diese spiegelnde Reaktion kann aber auch wirksam werden, wenn man Personen nicht live zusieht, sondern auch, wenn ihre Aktionen in einem Film dargestellt werden (Ergänzung von mir: vorausgesetzt die Schauspieler beherrschen ihre Kunst!). Es ist also leicht möglich, andere Menschen mittels des eigenen Tuns „anzustecken". Wir kennen das alle vom Gähnen oder Lachen – und auch von sexueller Erregung. (Deswegen schauen ja heute viele Pornofilme, weil sie in diesen Zustand kommen wollen – statt wie in früheren Zeiten froh zu sein, wenn einen die „Lustteufel" nicht geplagt haben.) In der NLPt (Neurolinguistischen Psychotherapie) wird diese Technik bewusst als „pacing and leading" eingesetzt: Man gleicht sich zuerst dem augenblicklichen Erlebens-System des Klienten an (pacing) und führt (leading) ihn dann in den gewünschten Zustand[112]. Eltern machen Gleiches meist unbewusst beim Füttern, indem sie den eigenen Mund öffnen, wenn sie wollen, dass ihr Baby den Mund aufmacht.

Der Neurobiologe, Arzt und Psychotherapeut Joachim Bauer (* 1951) weist in seinem Bestseller über die Spiegelneuronen „so nebenbei" darauf hin, dass Experimente gezeigt haben, dass jede ausgeführte willentliche Tat mit einer Aktivierung der Handlungsneuronen beginnt, die das Konzept für die Ausführung „im Programm" – Ekman würde formulieren: im automatischen Gedächtnisspeicher – haben. Erst kurz danach (etwa ein bis zwei Zehntelsekunden später) kommt es zur Aktivierung der die Muskeln steuernden Bewegungsneuronen, jedoch muss nicht jeder Handlungsgedanke zur Realisierung der Tat führen, sondern kann auch im seelischen Miterleben verbleiben.[113] (Das geschieht im Mentaltraining von Sportlern, beispielsweise wenn sie verletzt sind und nicht trainieren dürfen: Die entsprechenden Muskeln bewegen sich nur minimal und sogar für den Übenden kaum merkbar.) Alle bisher noch nicht bekannten Handlungssequenzen werden dabei besonders intensiv abgespeichert. Das kennen die meisten Menschen aus ihrer Kindheit, als sie das erste Mal einen Horrorfilm gesehen hatten – oder eine Horrorszene z. B. in der Familie miterleben mussten. Bauer betont, dass beim Erwachsenen meist hemmende neurobiologische Systeme aktiv sind, während Kleinkinder der Tendenz unterliegen, das Gesehene spontan gleich selbst zu machen; diese hemmenden Systeme würden etwa im dritten Lebensjahr entstehen und sollten in der Pubertät abgeschlossen sein.[114] Ich korrigiere aus meiner Erfahrung[115]: Diese „Hemmungen" sind erziehungs- und damit kulturabhängig, und sie scheinen jetzt, zu Beginn des dritten Jahrtausends, vielfach zu verschwinden. Das wiederum führe ich auf die „geheimen Erzieher", nämlich altersunangemessene und mangels kompetenter Bezugspersonen unkommentierte Medieninhalte zurück.

Aus meiner Sicht liegt es an der Wahrnehmung dieser minimalen Zeitlücke zwischen dem Feuern der Handlungsneuronen und dem der Bewegungsneuronen, ob jemand fähig ist, auf die Verwirklichung seiner Impulse zu verzichten.

Ich habe in meiner eigenen buddhistischen Praxis erlebt, wie es mir durch das Einüben eines „langen Atems" unabsichtlich, quasi als Begleiterscheinung, gelungen ist, in der Gewohnheit diesen „Atem-

pausen" verschiedene Reaktionsmöglichkeiten zu bewerten und auf die zu verzichten, die meinem Idealbild von mir widersprechen. Ich habe dabei auch erfahren, dass ich sogar meine Gefühle steuern kann, wenn ich dem angestrebten Zustand einen passenderen Namen gebe als den alten aus dem „automatischen Bewertungssystem" herrschen zu lassen. Deswegen kritisiere ich die derzeit wachsende Tempomache zur Erweiterung menschlicher Leistungsfähigkeit: Sie schafft nur inhumanen Druck, Fehlerzunahme, krankheitswertige Stress-Symptome und Verlust von Mitgefühl wie auch Selbstgefühl.

Wenn heute so viele „gute Ratschläge" zum Zeitmanagement vertrieben werden, zeigt sich darin der Versuch, auf kognitive – vernunftbestimmte – Weise Ordnung ins Chaos zu bringen. Ich empfehle stattdessen, den eigenen Atemrhythmus zu verlangsamen. Mir ist nämlich in der Beobachtung von Männern in absoluten Spitzenpositionen (Frauen gab es damals noch keine „gleich hohen") – wo ihnen niemand mehr etwas anschaffen konnte, weil kein Chef über ihnen war, sie konnten nur abberufen werden – aufgefallen, dass sich diese durch besonders ruhiges und langsames, „würdiges" Verhalten auszeichneten und Wirkung entfalteten. Ihr Geheimnis war: Sie waren „Herr der Zeit" – ihrer eigenen wie der der anderen.

Einer meiner Langzeitsupervisoren – damals noch katholischer Priester, bevor er sich zu seiner Lebensgefährtin bekannte – erzählte mir, dass die Berufsanwärter im Priesterseminar vom „magister elegantiarum" im langsam-würdigen Schreiten geschult wurden, damit sie bei gottesdienstlichen Handlungen keine Laienbeflissenheit an den Tag legten. Als ich Jahre später die Gelegenheit hatte, bei der Eröffnung des neuen Amtshauses in Spillern neben dem niederös-

terreichischen Landeshauptmann und neben meinem direkten Vorgesetzten in der Landesakademie, damals dort Bürgermeister, vom alten zum neuen Ort zu gehen, fiel mir auf, dass die beiden Männer neben mir eine mir bisher unbekannte „Gangart" praktizierten: den jeweiligen Schreitfuß aufsetzend, ließen sie ihn ca. 30 cm schleifen, kurz anhalten und weitere 30 cm weiter schleifen, bis sie auf den anderen Fuß umschalteten – so wie es oft Begräbnismusiker machen. Sie halbierten und dehnten damit ihre normale Schrittlänge und -zeit. Ich erinnerte mich dabei, dass ich schon oft „eilfertigen" Klientinnen geraten hatte, übungshalber beim Stiegensteigen mit den Beinen schnell, mit der Atmung aber doppelt langsam zu agieren.

Wir sind selbst die Regisseur*innen unserer „Drehbücher". Auch wenn wir sie weitgehend von unseren Erziehungs- und Bezugspersonen „vorgeschrieben" bekommen, dürfen wir sie nach Bedarf und Lust umschreiben.[116]

Wir alle spielen Theater!

Wir ahmen nach. Das ergibt sich aus der Resonanz der Spiegelnervenzellen – außer wir machen uns diesen Mechanismus bewusst und suchen oder erfinden andere Modelle. Deswegen empfehle ich, so wie man beim Autofahren regelmäßig seine Geschwindigkeit kontrollieren und anpassen sollte, sich bewusst anzugewöhnen, seine körperliche, seelische und geistige Befindlichkeit zu überprüfen und der jeweiligen Situation anzupassen. Dabei hilft es, in der abendlichen Gewissenserforschung seine tagsüber unbewusst dargestellten „Rollen" einer „Theaterkritik" zu unterziehen.

Der kanadische Psychiater Eric Berne (1910–1970), der Begründer der psychotherapeutischen Schule bzw. Methode der

Transaktionsanalyse, hat in seinem humorvollen Buch „Spiele der Erwachsenen" aufgezeigt, welche üblichen Geisteshaltungen einen in destruktive Kleinheit schrumpfen oder in tyrannische Größen aufblähen lassen. Weil es in diesen Machtspielen („power plays" im Gegensatz zu den „games", echten Spielen) darum geht, die Sieger- und Verlierer-Rollen auszutragen, führen sie letztlich zu Energieverlust für beide Seiten. Man hätte ja die aufgewendete Energie für ein positives Miteinander und gegenseitige Förderung nützen können. Und sie belasten zumindest einen Partner mit schlechten Gefühlen.

Eines der häufigsten „Lebens-Spiele" nennt Berne „Mach mich fertig" und meint, es werde von Männern derart inszeniert als trügen sie ein Schild „Bitte, tut mir nichts zuleide!" um den Hals. (Ich erlebe das heute aber eher bei beruflich geforderten Frauen.) Das provoziert, und dann beginnt das Jammern: „Aber das Schild besagt doch ..." und „Warum muss das ausgerechnet immer mir passieren?" Dahinter verbirgt sich laut Berne verkappter Stolz: „Meine Missgeschicke sind besser als deine". Wenn andere mitspielen – nämlich das Spiel „Ich versuche nur, dir zu helfen" – ändert sich gar nichts, bis den anderen „der Kragen platzt" und sie gegen den WAIM-Spieler („Warum – ausgerechnet – immer – mir") vorgehen. Berne warnt: „Solche Menschen werden von der Gesellschaft ausgestoßen, von den Frauen sitzen gelassen und von ihren Arbeitgebern entlassen."[17]

Eben weil diese Machtspiele so gewöhnlich, d. h. auch selbst gewohnt sind, erkennen viele nicht, was sie da an sich heranlassen oder anderen antun. Sie spielen einfach mit.
Der US-amerikanische Soziologieprofessor Erving Goffman

(1922–1982) weist darauf hin, dass manche Menschen ausgeprägtes Interesse besitzen, das soziale Zusammenleben zu stören: „Es werden Streiche verübt und Gesellschaftsspiele gespielt, in denen *nicht ernst zu nehmende* peinliche Situationen absichtlich herbeigeführt werden."[118] Ich meine, ob etwas ernst genommen wird, merkt man an der Reaktion derjenigen derart „Verstörten": Hinter der Zufügung psychischer Verletzungen oder gar sozialer Mordversuche liegen immer Beseitigungs-Impulse, und die müssen ernst genommen werden. Nur denjenigen Glücklichen, die nie Ziel solcher Attacken waren oder ihr Kindheitsleid tief verdrängt haben, kann man – wenn man will – ihre Ignoranz nachsehen. Sie gehört jedenfalls enttarnt. Den Urgrund für diese Alltagsbosheit erklärt Goffman so: „Es scheint keine Gesellschaft zu geben, die nicht über einen Vorrat derartiger Spiele, Vorstellungen und warnender Erzählungen verfügt – als Quelle des Spaßes, Ausdruck der Befürchtungen und als Mittel, *um jemanden zur Bescheidenheit in seinen Ansprüchen und zum Maßhalten in den von ihm projizierten Erwartungen zu veranlassen.*"[119] (Hervorhebungen von mir.)

Mir haben viele Frauen, die in gastgewerblichen Berufen arbeiten, geklagt, wie viele „Freiheiten" sich manche Gäste (männlich) herausnehmen. So erzählte mir eine Winzerin, die im familiären Heurigen auch oft bedient, von einem „Stammgast", der ihr – und nur ihr! – jedes Jahr nach seinem Sommerurlaub Fotos zeigt, auf denen er vollständig nackt und mit Fokus auf seine Männlichkeit zu sehen ist. Seiner daneben sitzenden Gattin war das urpeinlich, aber sie schwieg. Meine Klientin auch – sie hatte kein Abwehrmodell, das ihrem Anspruch auf eigene Höflichkeit entsprochen hätte. Das war aber bald gefunden: Gestoppt wurde sein „Anmachen", als sie bei nächster Gelegenheit „Geistesblitz" spielte, sich an die Stirn tippte und laut ausrief: „Da fällt mir ein – Ochsenschwanzsuppe muss ich wieder mal kochen!"

Man kann immer aus dem jeweiligen Spiel aussteigen und eigene neue Spielregeln erfinden – so wie Pippi Langstrumpf einfach behauptet: „In Brasilien gehen übrigens alle Menschen mit Ei im Haar herum."[120] Das wäre dann eine PROvokativmethode. Oder man nimmt die Aktion eben ernst und „zeigt Flagge": „Ich finde das gar nicht lustig!" oder „Ich nehme das aber schon ernst." Und: „Bitte unterlassen Sie das!"

In der Transaktionsanalyse (TA) werden, grob gesprochen, drei Möglichkeiten von unbewussten „Zuständen" unterschieden: das Kindheits-Ich (in dem man sich klein fühlt), das Erwachsenen-Ich (in dem man sich sachlich, korrekt und fair weiß) und das Eltern-Ich (in dem man sich groß, stark und überlegen fühlt). Man kann alle drei aber auch „spielen" – dazu muss man aber „schauspielern".

Im Zustand des Kindheits-Ich (KI) verhält man sich „brav" – angepasst, gehorsam, ängstlich – oder „schlimm" – widersinnig, störrisch, frech. Es gibt aber auch die kreativen Seiten, die witzigen, albernen ... eben alles, was kleine Kinder so an Verhalten aufweisen. Üblicherweise erziehen Eltern, die ihren Kindern beste Aufstiegschancen vorbereiten wollen, auf Anpassung hin, und das führt zu Unterwerfungsverhalten und zu Verkrümmungen. Die zeitaufwändige Alternative besteht hingegen darin, dem Kind Kausalitäten und Zusammenhänge in Ruhe zu erklären und so Überblick zu ermöglichen, und das motiviert gleichzeitig zu der Aufrichtung, die eben nötig ist, wenn man etwas überblicken will.

Meist wählen Menschen, die anderen etwas beibringen, anordnen oder verbieten wollen, aber den Zustand des Eltern-Ichs („EL"), und den gibt es auch in zwei polaren Ausformungen: das, was schädigt, ist die kritisierende, nörgelnde, verfolgende, strafende Form. Die Transaktionsanalytiker Stewart und Joines schreiben dazu: „Die Version unseres Vaters oder unserer Mutter, die wir dort [im Eltern-Ich, Anm. von mir] aufbewahren, kann oft viel bedrohlicher sein, als Vater oder Mutter in Wirklichkeit waren. Selbst wenn Eltern ihr Kind liebhaben und es hegen und pflegen, so gut sie können [oft können sie es gar nicht, was ich so aus der Supervision von Sozialarbeiter*innen weiß, Anm. von mir], selbst dann ist es möglich, dass das Kind sie so wahrnimmt, als bekäme es von ihnen destruktive Botschaften, z. B.: ‚Wenn du nur tot wärst!', ‚Du darfst dich nie richtig freuen!', ‚Du hast nicht zu denken!' Eine derartige bedrohliche Färbung hat dazu geführt, dass einige frühere TA-Autoren das EL mit einer Reihe furchterregender Spitznamen bedacht haben. So ist von der Hexenmutter, dem Ungeheuer und den Schweine-Eltern gesprochen worden." (Im Original: Witch Mother, Ogre, Pig Parent.)[121]

Da viele Menschen – Partner und Partnerinnen im Privaten wie auch im Beruf, Vorgesetzte, aber auch Parlamentarier*innen – nur diese destruktive Form im Repertoire kennen, wenn ihnen etwas nicht „passt", vergreifen sie sich im Tonfall auf diese Schadensworte und schädigen damit nicht nur energetisch die Adressat*innen (und viele, die nur zusehen oder zuhören), sondern geben neuerliches Vorbild und damit Anregung für all diejenigen, die sich klein und krumm fühlen und meinen, mit Beschädigung anderer wieder heil zu werden.

Es gibt das Eltern-Ich aber auch in einer vermeintlich liebevollen Art, die sich aber bei näherer Betrachtung als infantilisierend entpuppt: Ich nenne das „niederstreicheln". Ein Beispiel dafür ist der Oberarzt, der bei der Visite den Patienten fragt, „Na, Vaterl, was haben wir denn zum Frühstück gegessen?" Damit wird der ältere Herr zum Kind verkleinert – und wenn der sich das gefallen lässt, wird er „brav" die Bestandteile seiner Mahlzeit aufzählen. Würde er hingegen die Kind-Rolle ablehnen und aus dem Erwachsenen-Ich, daher sachlich, antworten, müsste er in etwa sagen: „Was Sie gehabt haben, Herr Doktor, weiß ich nicht – ich hatte wie üblich Kaffee und eine Buttersemmel."

Oft wird aber auch ein fürsorgliches, nährendes Eltern-Ich beschrieben. Für mich sind das aber Verhaltensweisen aus dem Erwachsenen-Ich, das dann eben seine Aufgaben wahrnimmt.

Im Erwachsenen-Ich (ER) verhält man sich vernünftig – sachlich, korrekt, kontrolliert. Aufrichtig. Aufrecht. Man respektiert andere Personen und deren Meinung, auch wenn man sie nicht teilt und erklärt das auch, wenn man dies für richtig hält. Menschen, die diese Form der wertschätzenden und auf Gewalt verzichtenden Kommunikation beherrschen, werden oft als „kalt" diskriminiert, obwohl sie nur vermeiden „heiß zu laufen". Es braucht oft lange Zeit, bis sie Vorbildwirkung erzeugen. Meist wird versucht, sie aus der „Fassung" zu bringen, um dann triumphieren zu können: „Du bist auch nicht anders als wir!" und ihnen dann erst recht solidarisches Mitgefühl zu verweigern.

Während ich diese Zeilen schreibe, eifern sich politische Gegner und mediale Verstärker darüber, dass der Präsident des österreichischen Nationalrats von seinem Abgeordnetensitz aus auf die Unterstellung einer strafbaren Handlung seitens eines Oppositionspolitikers „Nehmen Sie das zurück!" vermutlich gebrüllt hat. Die Lautstärke war dem Anlass wohl entsprechend und der Satz korrekt[122] ... Es war sein Gesichtsausdruck und seine sogar über den Bildschirm spürbare Kraft, der viele, die ihn im Fernsehen gesehen hatten – denn die Worte waren im allgemeinen Tumult nicht zu verstehen – vermuten ließ, dass er etwas Ärgeres gesagt haben müsse. „Ein Bild sagt mehr als tausend Worte", lautet ein Sprichwort – aber nur für diejenigen, die mehr auf Bilder reagieren als auf Töne. Ein klassisches Resonanzphänomen, wie eben Spiegelneurone in Funktion treten! Daher zeigt dieses Beispiel musterhaft, wie ohne vollständige (nämlich akustische Information) Legenden gebildet werden: In diesem Fall wurde die Bildsequenz mit Schimpftiraden der Hauptfigur Mundl Sackbauer aus dem Kult-Film „Ein echter Wiener geht nicht unter" unterlegt und über YouTube verbreitet. Ohne darauf einzugehen, ob dahinter absichtlich verleumderische Bosheit des politischen Gegners (Pig Parent: „Dir werden wir's zeigen!") steckt oder Satirekünstler ihrer Kreativität (spielerisches Kindheits-Ich) freien Lauf lassen – es zeigt sich wieder ein Power Play „bottom up". Und genau hier gilt es, sich aufzurichten und über diesen Dingen zu stehen. Politiker können das meist nach einiger Zeit der „Abbrühung" – oder sie verlassen dieses „Spielfeld". Alle anderen müssen lernen, diesen „Niederungen" zu entwachsen.

Weil auf Grund der bereits in Kindheit und Jugend allgegenwärtigen Machtspiele schon mit bestimmten stereotypen Reaktionen zu rechnen ist, nämlich Übernahme der Märtyrer- oder Heldenrolle, braucht es fast schon Zivilcourage, diesen „Spielen" Absage zu erteilen!

„Es sieht sehr heroisch aus: Man weist jeden Trost weit von sich – und übersieht, dass in dieser Haltung selbst der giftigste und lasterhafteste Trost liegt.", enttarnt der Jurist und Journalist Sebastian Haffner (1907–1999) eine bestimmte Art von moralischem

Masochismus (der Lust, sich in Niederlagen anderen triumphierend überlegen zu fühlen). „Die perverse Wollust der Selbstaufgabe, eine wagnerianische Todes- und Untergangsgeilheit – genau das ist die umfassendste Tröstung, die sich dem Geschlagenen anbietet, der nicht die Kraft aufbringt, seine Niederlage als seine Niederlage zu ertragen."[123]

„Sie dürfen anderen nicht erlauben, Ihnen unrecht zu tun.", mahnt Satya Narayan Goenka. „Immer, wenn jemand etwas Schlechtes tut, schadet er anderen und gleichzeitig auch sich selbst. Wenn Sie es zulassen, dass er Unrecht tut, ermutigen Sie ihn, Unrecht zu tun. Sie müssen mit Ihrer ganzen Macht versuchen, ihn aufzuhalten, aber Sie müssen dabei von Wohlwollen, Mitgefühl und Sympathie für diesen Menschen erfüllt sein. Wenn Sie mit Gefühlen wie Hass und Zorn handeln, dann verschlimmern Sie die Situation. Sie können jedoch kein Wohlwollen für diesen Menschen empfinden, wenn Ihr Geist nicht ruhig und friedvoll ist."[124]

Feindbilder

Üblicherweise behelfen sich die meisten Menschen mit dem Aufbau von Feindbildern, denen man die Schuld an eigenem Versagen unterstellen kann. Damit verfehlt man wieder den Überblick, denn solch einer ist immer mehrperspektivisch und nicht linear – und das bedeutet, wie bereits erwähnt, dass man auch sich selbst objektiv – also wie ein Regisseur seine Schauspieler auf der Bühne – als Akteur*in in der jeweiligen Situation im Blickfeld behält.[125]

Jemand als Feind (oder geeignetes künftiges Opfer) wahrzunehmen, verändert nicht nur den eigenen Blickwinkel, sondern die gesamte Wahrnehmung – und auch den kompletten Selbstausdruck. Das ist für andere spürbar, ausgenommen diejenigen, die im Laufe ihrer Entwicklung diese Fähigkeit unterdrückt (bekommen) haben und daher „Spüren" meist als Spinnerei weit von sich gewiesen. Das bedeutet aber nicht, dass sie verschwunden ist, sondern sie wird im Gegenteil bei jedem Auftauchen aus dem Unbewussten wieder verworfen.

Übrigens: Das Wort „spinnen" passt sehr gut – Menschen spinnen nämlich immer an ihren neuronalen Netzen, und je dichter vernetzt diese Verschaltungen von Wahrnehmungs-, Handlungs- und Bewegungsnervenzellen sind, desto intelligenter sind sie. Kommt also dieser Vorwurf, kann man die Aussage mit gutem Gewissen bestätigen: „Ja – ich erweitere mein neuronales Netzwerk und meine Kompetenz!"

So beschrieb der US-amerikanische Sicherheitsberater Gavin de Becker (* 1954), dass sich bei seinen Befragungen von Verbrechensopfern herausgestellt hat, dass viele schon frühzeitig bei dem späteren Täter das ungute Gefühl hatten, dass da „etwas nicht stimmt". Er plädiert daher dafür, diese „intuitive" Wahrnehmung ernst zu nehmen und darauf zu verzichten, nett und höflich zu sein.[126] Dazu braucht es aber die Haltung und den konsequenten Mut, „zu sich zu halten und nicht zu den anderen", auch wenn man dafür kritisiert oder beschimpft wird.

Umgekehrt lohnt es sich aber auch, präventiv auf die eigenen feindseligen Vorurteile zu achten. Lehrkräfte, die der Gewohnheit verfallen sind, sich über ihre Schülerschaft zu beklagen, gehen mit einer anderen Haltung in die Klasse, als wenn sie sich vor der Tür kurz erinnern: „Das sind alles wo anders ganz nette junge Menschen, die halt ihre Zeit lieber wo anders verbringen würden – aber ich habe die Chance, die nächste Stunde möglichst angenehm für uns beide zu gestalten." Und schon tritt ein anderer Ausdruck ins Gesicht und die Körperhaltung verändert sich.

Selbstgestaltung

Unsere Haltung – und damit unsere Gestalt – wählen wir selbst. Vielleicht nicht gleich – denn wenn man einen Schock erlebt hat, wenn man „außer sich geraten" ist, braucht es Zeit, bis man wieder „bei sich" ist. Das heißt aber noch lange nicht, dass man wieder „funktioniert" wie vorher.

Der US-amerikanische Chiropraktiker und Bioenergetiktherapeut Stanley Kelemen (1931–2018) beschreibt das sehr anschaulich: „Im Verlauf unserer Selbstformung stoßen wir unweigerlich auf Hindernisse. *Wir bekommen keine Antwort*: Ein Baby verlangt nach seiner Mutter, und sie ist nicht da. Wir werden an etwas gehindert: Ein Kind streckt seine Hand nach etwas aus und bekommt einen Klaps auf die Hand.", oder „Im Verlauf eines Tages stoße ich auf viele unerwartete Situationen, aber manche von ihnen erlebe ich als so störend, dass ich *steckenbleibe. Ich zucke zusammen*. Ich halte inne, ehe ich mich darauf einlasse, irgendetwas zu tun.", und er erinnert, „Ein Kind, das hingefallen ist, *zieht sich immer zusammen*, bevor es losschreit."[127] (Hervorhebungen von mir, weil sie auf die Verkrümmungen hinweisen.)

Eine Klientin berichtete mir, sie wäre als Baby von ihren Eltern in einem Korb zur Feldarbeit mitgenommen worden (es gab keine Alternative für die lange Tagesarbeit) und die hätten sie schreien gehört, wären aber am anderen Ende der Felder gewesen, und wenn sie wieder bei ihr waren, wäre sie bereits verstummt gewesen – „So brav!" Als junge Frau übte sie einen stummen künstlerischen Beruf aus und tat sich sehr schwer, wenn sie reden musste: Sie erwartete, dass man ihr ohnedies kein Gehör schenken würde – und sie suchte die Schuld bei sich.

Einschneidende Erlebnisse können die Gehirnorganisation verändern. Das können nicht nur schwere Gewalterlebnisse sein, wie Joachim Bauer in „Schmerzgrenze" beschreibt[128], sondern auch kollektive Belastungen wie Hungersnöte oder Landesvertreibungen bzw. Fluchterfahrungen. Außerdem können sich viele kleine Mikrotraumata wie etwa gewalttätige Erziehungsmethoden, wie sie in den 1950er und 1960er Jahren als ganz „normal" betrachtet wurden, wie ein Makrotrauma auswirken. Andererseits können auch besondere Glückserfahrungen ähnliche Wirkungen haben; das beschreibt etwa der Begründer der amerikanischen Psychologie William James (1842–1910) in seinem Buch „Die Vielfalt religiöser Erfahrung".

Früher pflegte man anlässlich von Grenzsteinsetzungen einem Grundschüler eine Ohrfeige zu geben, damit er sich später an das Ereignis, vor allem aber die Stelle erinnere. Tatsächlich erinnert wurde aber meist nur der Backenstreich, denn der verletzt die von Bauer beschrieben Schmerzgrenze. Und er lehrt vor allem das „grundlose" Schlagen. Wer das später praktiziert, ist vermutlich früh traumatisiert worden und verleugnet den seelischen wie auch körperlichen Schmerz vor sich und anderen – vor allem auch, weil er oder sie niemand findet, der oder die einfühlend anhören kann und will, denn dann müsste die auftauchende Erinnerung an eigene erlittene Traumata ertragen werden. Wieviel Seelenschmerzen hält ein Mensch aus? Und wann registriert man überhaupt, dass man seelisch verletzt wurde?

Ich bin als Psychotherapeutin darauf spezialisiert, mit schwer traumatisierten Menschen zu arbeiten und habe dazu in Kombination der von mir erlernten Methoden meine eigene entwickelt. Wenn ich Kolleg*innen ausbilde oder supervidiere, lege ich immer großen Wert darauf, dass das Pseudo-Mitleid der „automatischen Bewertungsmechanismen" vermieden wird – auch wenn es üblicherweise als Trost eingefordert wird. (Diese Verhaltensweise stammt aus der Kindheit; dass man im verletzten Zustand ins Kindheits-Ich regrediert, ist normal – wir alle kennen das, wenn wir krank sind, der Unterschied zwischen den einzelnen Individuen besteht dann nur darin, dass die einen umsorgt werden und die anderen möglichst in Ruhe gelassen werden wollen, und auch diese Reaktionen wurzeln in Kindheitserfahrungen.) Dann hält man nämlich still und die Zeit an. Man bleibt quasi in der Situation der Beschädigung hängen. Aber genau dieser muss man entwachsen, wenn man sich und die eigene Resilienz fördern will.

> Die Zeit allein heilt keine Wunden – sondern nur die Zeit, in der man wieder in Bewegung kommt und sich weiterentwickelt.

6. Bewegung

Atmen hilft Leben zu gestalten – weil Leben immer aus Bewegung besteht und sich Bewegungen dehnen lassen.

> Wenn ich abgestürzt bin steh' ich auf
> Und steig' nochmal hinauf
> G'rade jetzt und jetzt erst recht!
> Liedtext Gitte Haenning

Dass man bei erlittenen Verletzungen Schonhaltung einnimmt, ist verständlich – nur chronisch sollte sie nicht werden. Es hat alles seine Zeit, weiß der Prediger Salomo, und auch heilen hat seine Zeit (Kohelet 3, 3) und „Man mühe sich ab, wie man will, so hat man keinen Gewinn davon" (Kohelet 3, 9).

Bewegungen haben verschiedene Rhythmen und Richtungen. Viele davon sind Ziele, und manche liegen außerhalb unserer Macht.

Im Zen-Bogenschießen liegt das Geheimnis des Treffens darin, mit dem Ziel eins zu werden, was bedeutet, dass man nur den Bogen anspannen muss, aber nicht sich selbst, denn man wird gleichsam der Pfeil – oder anders gesagt: Man atmet sich so „weit", dass man das Ziel in sich aufnimmt.

Der deutsche Philosophieprofessor Eugen Herrigel (1884–1955) schreibt dazu, entscheidend sei, dass der Lernende seine Erlebnisse, Überwindungen und Wandlungen, so lange sie noch die „seinigen" sind, immer wieder von Neuem überwinden und wandeln müsse, „bis all das Seine vernichtet ist".[129] Für westliche Menschen, die nicht danach streben, diese Meisterschaft zu erlangen, kann man dies folgendermaßen interpretieren (was schon einen Widerspruch in sich darstellt, denn etwas anzustreben, ist so ein „Seiniges", das überwunden werden soll – denn was geschehen soll, geschieht ohnedies! Genau das meint ja auch der Prediger Salomo!): Man muss die eigene Gemüts- wie auch Handlungsbewegungen erkennen und loslassen, dann wird Blick und Denken wieder frei und man kann den nächsten Entwicklungsschritt wahrnehmen (im Doppelsinn des Wortes).

Das bedeutet aber nicht, dass es Unrecht wäre, Gefühle oder Ziele zu haben: Sie sind die bereits erwähnten Vögel, die über uns hinweg fliegen. Die Frage, die sich dabei erhebt, ist aber: Haben wir sie angelockt? Ich unterscheide nämlich Emotionen – da steckt das lateinische Wort *movere*, bewegen, drinnen – von Gefühlen. (Manche Kolleg*innen halten das umgekehrt, aber ich finde meine Entschlüsselung sinnvoller.)

Eine Emotion bedeutet für mich die Bewegung (den körperlich spürbaren Impuls), durch die sich eine Empfindung (ein Körperzustand) in einen anderen verwandelt. Durch Benennung wird sie nachfolgend als Gefühl „bezeichnet" – aus dem Innerlichen „hervor" (das zeigt das vorgelagerte „e" als Kurzform des lateinischen „ex", heraus) geholt. Die Emotion hat noch keinen Namen, wie man bemerkt, wenn man sich Zeit nimmt, sie zu spüren und zu überlegen, wie man sie benennen will. Ich erinnere an mein Beispiel hinsichtlich der „Eigendiagnose" Eifersucht[130]. Sie stammt aus Fremdzuschreibungen, mit denen die Wahrnehmung von Auslösesituationen von Ungleichbehandlung verboten wird. Nimmt man sich Zeit und spürt innerlich nach, was der Anlass für die Emotion war und was man stattdessen gerne anders erlebt hätte, findet man „gerechtere" Bezeichnungen für das eigene Empfinden.

Übt man diese Art von „Rechenprobe", gelangt man zu präziserer Erkenntnis, was einem angetan wurde – oder was man anderen angetan hat. Und dann kann man sich aufrichten und zu sich stehen, kann die Verantwortung für sein Handeln übernehmen und muss sich nicht verteidigend oder entschuldigend ins Kindheits-Ich verkrümmen.

Gefühle kann man wählen!

Viele können sich nicht vorstellen, dass man Gefühle wählen kann, weil sie es noch nicht erlebt haben – weil sie eben sofort in ihren automatischen Bewertungsmechanismus hineingefallen sind und nicht die kleine Nachdenkpause in Anspruch genommen haben, in der zwischen Wahrnehmung und Bewertung (dies ist ja bereits eine Handlung!) mehrere Optionen angedacht werden können.

Was man dazu braucht, ist Zeit – und Atemkontrolle. So beschreibt Eugen Herrigel, wie sein Meister ihm erklärt, wieso sein Versuch des Bogenschießens misslungen ist: „Sie können es deshalb nicht", [–] „weil sie nicht richtig atmen. Drücken Sie nach dem Einatmen den Atem sachte herunter, so dass sich die Bauchwand mäßig spannt und halten sie ihn da *eine Weile* fest. Dann atmen Sie möglichst langsam und gleichmäßig aus, um nach kurzer Pause mit einem raschen Zug wieder Luft zu schöpfen – in einem Aus und Ein fortan, dessen Rhythmus sich allmählich selbst bestimmen wird." [–] „Denn mit dieser Atmung entdecken Sie nicht nur den Ursprung aller geistigen Kraft, sondern erreichen auch, dass diese Quelle immer reichlicher fließt und umso leichter sich durch ihre Gliedmaßen ergießt, je gelockerter Sie sind."[131] (Hervorhebung von mir.)

Bei uns im Westen werden wir schon von klein auf angehalten, uns zu konzentrieren, und wer folgsam ist, spannt sich dann an, verspannt sich, verkrümmt sich und behält diese Reaktion als Schutz- und Schonhaltung bei, egal ob sie in der jeweiligen Situation passt oder nicht. Druck erzeugt aber Gegendruck, und irgendwann will die Spannung dann „herauskommen" und zeigt sich dann als unbedachte Impulshandlung, als Missgeschick, Unfall oder auch Straftat. Bei Herrigel wird dieses Erleben so beschrieben: „Wenn ich den Bogen gespannt habe, kommt der Augenblick, in dem ich fühle: wenn der Schuss nicht sofort fällt, kann ich die Spannung nicht mehr aushalten. Und was geschieht nun unversehens? Einzig und allein dies, dass mich Atemnot überfällt. Ich muss also selbst den Schuss lösen, gehe es wie es wolle, weil ich nicht länger auf ihn warten kann.' ‚Sie haben nur zu gut beschrieben', erwiderte der Meister, ‚wo für Sie die Schwierigkeit liegt. Wissen Sie, weshalb Sie auf den Abschuss nicht warten können und weshalb der Atem in Not gerät, bevor er gefallen ist? Der rechte Schuss im rechten Augenblick bleibt aus, weil Sie nicht von sich selbst loskommen. [–] Solange dem so ist, bleibt Ihnen keine andere Wahl, als ein von Ihnen unabhängiges Geschehen selbst hervorzurufen, und solange Sie es hervorrufen, öffnet sich Ihre Hand nicht in der rechten Weise – wie die Hand eines Kindes; sie platzt nicht auf, wie die Schale einer reifen Frucht.'"[132]

Immer wieder suchen mich vor allem Frauen – nur gelegentlich Männer – auf, die das „Sterben" einer Beziehung (das kann auch eine Berufsbeziehung sein – und diese Situationen häufen sich derzeit!) verhindern oder deren „Tod" nicht akzeptieren wollen. Sie spüren zwar die kommende Veränderung, aber sie „wollen" sie nicht – oder zumindest nicht ohne Klärung. Ihre Partner (Vorgesetzten) deklarieren sich aber nicht, sondern „flüchten" in Unerreichbarkeit, schlagen höchstens eine Trennung auf Zeit vor, „um sich selbst klar zu werden" und sind doch in Gedanken und Herzen schon ganz wo anders.

In solchen Lagen ist es wichtig, Situation und Gefühlslage zu trennen: den Gefühlen nachgeben kann man später auch noch – in geschützter Atmosphäre. Vorerst ist es wichtig, dafür zu sorgen, dass man genügend Zeit gewinnt, Alternativen zu überdenken. Diese Zeit schafft man sich vor allem innerlich durch Verlangsamung des Atemrhythmus. Viele Menschen machen das instinktiv – Mütter oder Väter, wenn sich ein Kind in Verletzungsgefahr befindet – und funktionieren, auch wenn sie nicht darauf trainiert wurden wie die Angehörigen von Krisenberufen (z. B. Blaulichtorganisationen). Es bewegt sich quasi der Körper automatisch – die Seele mit Zeitverzögerung und der „Kopf" als letzter Teil.

Ich erlebte dies einmal als Zeugin eines Unfalls: Vor mir war kurz nach der Ortstafel in der Mitte der Straße ein Radfahrer korrekt mit Handzeichen dabei, nach links abzubiegen, als ich merkte, dass mich ein Autofahrer extrem schnell links zu überholen begann. Ich sagte noch zu meinem Beifahrer, „Ob sich das ausgeht?!", und schon flog der Radfahrer in hohem Bogen quer über die vierspurige Fahrbahn und kam wie ein gepresster Frosch am linken Bankett zu liegen. Ich fuhr sofort an den rechten Straßenrand und verständigte die Rettung und nachher die Polizei, danach fuhr ich weiter, denn auf der Gegenfahrbahn hielten die entgegenkommenden Lenker an, also konnte ich meine Fahrt beruhigt fortsetzen. Nach ungefähr zwei Kilometern begann ich dann zu zittern und musste wieder anhalten, weil mir da erst völlig zu Bewusstsein kam, was passiert war. Als ich dann ein Jahr später als Zeugin vor Gericht aussagte, versuchte mich der Anwalt des Rasers als wahrnehmungsunfähig hinzustellen, sodass ich sehr ernst zu ihm sagen musste: „Bitte behandeln Sie mich respektvoll!", worauf er nach einem kurzen Blick zum Richtertisch seine Verunsicherungstaktik zumindest fürs erste aufgab. Ein halbes Jahr später wurde dann mein Beifahrer vorgeladen und erzählte mir nach seiner Einvernahme, er sei nicht zum Unfall befragt worden, sondern nur, ob ich glaubwürdig sei. (Interessanterweise lernte ich ein weiteres Jahr später, als ich ein Seminar für die Sicherheitsakademie des Innenministeriums hielt, in der Kantine einen der Söhne des Unfallsopfers kennen – einen Polizisten. Dieser erzählte mir, dass der jugendliche Autolenker freigesprochen worden war, weil er „glaubhaft" behauptet hatte, der Radfahrer hätte kein Handzeichen gegeben. Ein Erfolg für seinen hochaggressiven Anwalt. Sein Vater war aber seit dem Unfall schwer körperbehindert und hatte nun schlechte bzw. keine Aussicht auf Kostenersatz und Schmerzensgeld.) In einem solchen Fall hilft nur Anerkennung der Tatsache der Ungerechtigkeit, Selbstbestätigung (denn als Betroffener muss man aufpassen, dass einem die eigene Wahrnehmung nicht ausgeredet wird), und dazu hilft auch das Aufrichten und zu sich stehen – und das wird wohl immer wieder notwendig werden, bis man der Schmach entwachsen ist.

Abgesehen von körperlichen Traumata kommen ja auch seelische dazu: Das Nichtwissen über die erlittenen Verletzungen, das Warten auf Hilfe bilden das primäre Psychotrauma, das Erinnernmüssen vor Gericht führt häufig zu einer sekundären Traumatisierung, und wenn man dort zuletzt als geschädigte Person nicht anerkannt wird, kann man mit einer tertiären Traumatisierung rechnen (besonders wenn man vom Strafverteidiger gedemütigt wird). Nochmals zur Erinnerung (weil es so viele Menschen nicht wissen): Der Beschuldigte darf alles zu seiner Verteidigung Dienliche vorbringen – wahr muss es nicht sein. Wahr sein müssen nur die Zeugen (sonst droht Anklage wegen falscher Zeugenaussage – vorausgesetzt, dass dies nachweisbar ist). Sich über die Lügen des Beschuldigten vor Gericht aufzuregen, ist „Energieverschwendung". Ich sage dann immer: Das sind die optimalen Gelegenheiten, stoische[133] Gemütsruhe zu üben – oder den Gefühlsausdruck zumindest auf später zu verschieben. Dazu verhilft wieder der „lange Atem".

„Das Trauma entsteht in dem Augenblick, wo das Opfer von einer überwältigenden Macht hilflos gemacht wird.", erklärt die US-amerikanische Psychiaterin Judith L. Herman (*1942) und unterscheidet zwischen den Wirkungen einer Naturgewalt (was üblicherweise als Katastrophe benannt wird) und den Wirkungen von menschlichen Gewalttaten. Sie betont: „Traumatische Ereignisse schalten das soziale Netz aus, das dem Menschen gewöhnlich das Gefühl von Kontrolle, Zugehörigkeit zu einem Beziehungssystem und Sinn gibt." Herman erinnert, dass Psychotraumata ursprünglich bei US-Kriegsveteranen diagnostiziert und als außergewöhnliche Vorkommnisse bewertet wurden – bis man erkannte, „Vergewaltigung, Misshandlung und andere Formen sexueller und familiärer Gewalt gehören für viele Frauen zum Alltag" und „nur die Glücklichen halten es für ungewöhnlich".[134] Und genau diese Glücklichen beanspruchen für sich das Recht, über Unglückliche „objektiv" zu urteilen. Das finde ich nicht richtig: Nur die betroffene Person selbst weiß, wie sie „vorher" war und wie „nachher", und wie lange sie braucht, wieder „zu sich" zu kommen. Solche überheblichen (weil aus dem destruktiven Eltern-Ich!) Bewertungen anderer (und wenn es auch Gerichtssachverständige seien sollten) verlängern bloß die Dauer der Selbstheilungsprozesse.

Gewalt hat viele Gesichter, mahnte ich bereits in den späten 1990er Jahren[135], und manche dieser Gesichter tragen ein Lächeln. Alexander Lowen dazu: „Das Sich-Verbergen hinter dem Lächeln ist eine negative Haltung. [–] Bei einem ist das Lächeln herablassend, bei einem anderen spöttisch, bei einem dritten kann es das alberne Grinsen des Narren sein, der auf diese Weise die Verantwortung für seine eigenen Handlungen vermeidet."[136] Genau das zählt auch zu den Erlebnissen, „Zugehörigkeit zu einem Beziehungssystem" zu verlieren, und das passiert nicht nur im Augenblick der seelischen Verletzung, sondern auch hinterher, wenn Besserwisser jegliches Mitfühlen vermeiden, um nicht selbst an eigene traumatische Erfahrungen erinnert und möglicherweise von ihnen überwältigt zu werden. Dabei wäre genau diese Solidarität mit den Geschwächten der erste Schritt zur Heilung (für beide).

Zu den klassischen Traumafolgen zählen neben Angst und Übererregung (wozu Schlafstörungen oder extreme Lärmempfindlichkeit zählen) und Konstriktionen (z. B. Abwehrhaltungen, Dissoziationen[137]) vor allem Intrusionen: Auch wenn die auslösende Situation längst vorbei ist, gelangt der traumatisierende Augenblick plötzlich wieder ins Bewusstsein. Das kann so oft geschehen, dass man bereits von Zwangsgedanken sprechen kann. Laien empfehlen dann meist „Denk nicht mehr daran!" oder raten „Das musst du halt wegstecken!", was im Prinzip stimmt – nur braucht es dazu bestimmte Methoden, und die sagen (und kennen) sie nicht – oder noch ärger: Sie spotten dann, weil „es" der- oder diejenige nicht „kann".[138] So entstehen wieder Traumatisierungen – und das erkennt man an den Intrusionen: dass man immer wieder daran denken muss.

Sich selbst Halt geben

Was man aber auf jeden Fall „kann" (wenn man es weiß), ist zu sich halten, sich selbstbehaupten und sich selbst Halt geben.

Ein Beispiel dazu lieferte im Juni und Juli 2019 die deutsche Kanzlerin Angela Merkel: Nach drei Zitteranfällen im (Durch)Stehen von Paraden bei Staatsbesuchen und medialen Zweifelkampagnen hinsichtlich ihrer Gesundheit (und Forderung nach ärztlichen Bulletins) konterte sie gelassen, man dürfe davon ausgehen, „dass ich erstens um die Verantwortung meines Amtes weiß und deshalb auch dementsprechend handle – auch was meine Gesundheit anbelangt" und zweitens dürfe man davon ausgehen, „dass ich auch als Mensch ein großes persönliches Interesse daran habe, dass ich gesund bin und auf meine Gesundheit achte."[139]

Während man bei Politikern (und besonders wenn sie Frauen sind) damit rechnen kann, dass hier politische Gegner aus „vermuteter" Amtsunfähigkeit gezielt Kapital gewinnen wollen, zeigt sich im alltäglichen Bereich eher Gedankenlosigkeit, mangelnde Wahrnehmungsfähigkeit, aber auch Alltagssadismus. Wenn man dann erziehungsgemäß schweigt, „die Zähne zusammenbeißt" und „die Ohren steifhält" (was die Kiefermuskulatur verspannt und die „depressive Maske" hervorrufen kann), nimmt man einerseits die schädigende Fremdenergie in sich auf und erspart andererseits den anderen den Lernprozess, was sie eigentlich anrichten. Ich bin daher für authentische Selbstoffenbarung. Manche werden jetzt sagen: „Aber da verliere ich ja die Achtung!" Möglich – aber nur die der anderen. Dafür gewinnt manfrau Selbstachtung. Denn wenn die anderen achtungsvoll und achtsam wären, würden sie nicht die Anstands- und Gesundheitsgrenzen übertreten! Achten muss manfrau vor allem sich selbst! Und sich aufrichten und zeigen, dass man keine Angst hat, zu sich zu stehen.

> *Es war vermutlich 1995, als ich mein soeben neu erschienenes Buch „Psychosomatik – Die vergessene Sexualität" im Rahmen der Goldegger Dialoge, an denen ich auch als Referentin mitwirkte, präsentieren durfte. Es war die Erstpräsentation, es war Abend, und ich war nach einem anstrengenden Tag auch müde und geschwächt. Als ich meinen Ansatz in dem Buch erklärte, meldete sich ein Mann und vertrat andere Meinung. Ich antwortete darauf, das sei eben seine Meinung – ich hätte die meine. Darauf meldete sich eine Frau und sagte, ja, aber so wie ich Märchen sexuell interpretiere, wäre das nicht in Ordnung. Ich sagte darauf, dass ich eben meine Sichtweise publiziere wie andere auch und bitte, diese zu respektieren. Darauf meldete sich wieder ein anderer Mann und äußerte sich ähnlich. (Alle drei hatten das Buch nicht gelesen – es war erst ein paar Tage später im Buchhandel erhältlich, ich hatte die ersten Exemplare mitgebracht.) Das war denn dann zu viel für mich und ich sagte in etwa, ich fühlte mich jetzt wie eine Mutter, die ihr Neugeborenes erstmals herzeigt und nur zu hören bekommt: Es hat ja keine Haare – es hat ja keine Zähne – es hat ja in die Windel gemacht ... nur Negatives, und eine Kritik könne ich aushalten, eine zweite auch, aber drei hintereinander – das wäre mir zu viel. Darauf reagierte das gesamte Publikum betroffen – sie wären nie auf die Idee gekommen, dass mich die Kritik verletze, sie hätten halt ihre Gedanken ausgesprochen – und sie hätten das Buch ja auch noch gar nicht gelesen.*

Ich berichte diesen Vorfall, weil ich darstellen will, dass „Bauch zeigen" auch eine Alternative zum Runterschlucken oder wütend bzw. selbstverletzend Werden ist. (Dass beim Reden über Sexualität die Zuhörerschaft meist unbewusst an ihre eigene Sexualität gemahnt ist und daher alles, was sie noch nicht bedacht haben, ablehnt, ist eine andere Sache – man könnte ja auch nachfragen, statt gleich in den Kampfmodus zu gehen.)

Ich finde es aufrichtig, zu zeigen, wenn manfrau verletzt ist – auch wenn man damit rechnen muss, dass die Verletzer dann zur Selbstrechtfertigung die Verletzbarkeit kritisieren. Deswegen bin ich auch keine Freundin des gegenwärtigen „Psychobooms", Trainings zur Erreichung von mehr Resilienz anzubieten.

Resilienz besteht gerade im Sich-Aufrichten, wenn man merkt, dass man ansetzt, in die Knie zu gehen, und wenn man das anspricht, stärkt man sich, weil dann dieser Impuls „ausgeatmet" wird und nicht der Verinnerlichung und muskulären Verhärtung anheimfällt.

Ich stehe dazu, dass Menschen ein Recht auf ihre leibseelisch-geistige Unversehrtheit haben (sollen) und auch das Recht, diese zu verteidigen – das zählt zum gesunden Narzissmus und damit zur Selbstachtung – und dass es daher auf die Form ankommt, wie man kritisiert und was man kritisiert. Die Schwierigkeit sehe ich darin zu vermeiden, sich selbst ins verdammende Eltern-Ich zu steigern – was beim Aufrichten immer als Gefahr mitschwingt –, um andere zwecks Selbsterhöhung „nieder zu setzen". Ich war damals in Goldegg bereits Universitätslehrerin – ein Karriereschritt, den ich nicht angestrebt hatte – und damit in der Position, meine Lehrmeinungen[140] nachvollziehbar, daher schriftlich darstellen zu müssen. Ich hätte also auch ein Kompetenz-Pfauenrad schlagen können, aber das widerspricht meiner Ethik. Außerdem ist diese Zurückhaltung etwas traditionell Weibliches. Männer haben diese „Aggressionshemmung" selten und wenn, dann nur wenn sie einer großen Mehrzahl gegenüberstehen – aber genau dort sollten solche Tribunal-Situationen angesprochen und solidarischer Beistand aus der Menge angefordert werden.

So eine Situation erlebte ich einmal in einem dreitägigen Supervisionsseminar für Sozialarbeiter*innen, bei dem ich beobachten konnte, dass die Gruppe sich ihrer Vorgesetzten, die an der Supervision unbedingt teilnehmen wollte, gegenüber sehr eingeschüchtert verhielt. Als ich dies am zweiten Tag ansprach, fuhr mir diese aggressiv über den Mund, sie sei auch Psychotherapeutin und lasse sich nicht von mir interpretieren. Ich antwortete, ich hätte sie nicht interpretiert, sondern meine Beobachtung mitgeteilt, das wäre für mich nicht Dasselbe, und dann wandte ich mich an die Gruppe und fragte, ob ich die „Geisterfahrerin" auf der Autobahn wäre, man möge mich bitte stoppen, wenn ich „falsch führe". Es meldete sich daraufhin eine Kollegin und meinte schüchtern, sie sähe das alles auch so wie ich, und dann schloss sich eine nach der anderen meiner Sichtweise an. Ich unterbrach dann diese Dynamik mit den Worten, ich dächte, es wäre hinreichend, diese Problematik anzusprechen und nur fair, der Chefin Zeit zu geben, das Gesagte zu verdauen, und daher sollten wir eine Pause machen, uns ein weiteres Thema vornehmen, aber am nächsten (dem dritten) Tag auf die angesprochene Problematik zurück kommen und aushandeln, was konkret in Zukunft nicht mehr vorkommen sollte und was dafür aber gewünscht wäre.

Konflikte ergeben sich immer bei der Verteilung von Zeit, Raum und Macht. Die üblichen Verhaltensweisen sind Kampf (inklusive Verteidigung), Flucht oder Totstellen (wobei mundtot auch tot bedeutet). Jede dieser drei Reaktionen ist mit Körperbewegungen verbunden, mit Veränderung der Muskulatur und damit gleichzeitig auch der Atmung – alles in der Hoffnung, dadurch letztlich sozial bestätigt und dauerhaft akzeptiert zu werden, aber das ist Selbstbetrug. Manfrau gibt damit nur die Macht an diejenigen ab, von denen man etwas will – und die daher die Macht bekommen, Ja oder Nein zu sagen.

Zu den wesentlichen neuen Sichtweisen, die die „Komplexe Psychologie" C. G. Jungs von der Freud'schen Psychoanalyse unterscheiden, gehört der Blick „nach hinten" (statt nach „unten" in die eigene vergangene wie auch vergrabene Tiefe), auf den „Schatten". So wie bei ländlichen Einfamilienhäusern das, womit man anderen imponieren will, im Vorgarten gepflanzt wird, während der Misthaufen in „Hintaus" versteckt wird, halten es Menschen auch mit ihren Seelenanteilen: Hinter jeder demonstrierten Stärke wohnt eine Schwäche und umgekehrt hinter Wut Trauer, hinter Macht Ohnmacht, selbst hinter Freude steckt die Angst vor der Endlichkeit, … aber: hinter jeder Verletzung wartet der Wachstumsschritt zur Heilung.

Verluste

Paul Ekman sieht das „emotionale Thema Verlust" als eines der Grundthemen für Angst; in der Suche nach deren Entstehung verwirft er die Ansicht, dass es sich um „erlerntes" Verhalten handle und begründet es damit, dass blind geborene Kinder die gleichen Gesichtsausdrücke zeigten wie sehende, dass immer bestimmte Muskeln aktiviert werden und auch andere Veränderungsmuster (Herzschlag, Blutzufuhr, Hauttemperatur, Transpiration) menschliche Grundgefühle wie Ärger, Angst, Trauer, Ekel etc. begleiten.[141] Wenn also schmerzliche oder explosive Gefühle hochkommen und einen zu überschwemmen drohen und das sachliche Denken (im Sinne der Quaternität nach C. G. Jung) aussetzt, bietet die Balancierung mit Hilfe der Wahrnehmung der körperlichen Reaktionen die schnellste Möglichkeit wieder die Verfügungsmacht über die Vernunft zurück zu gewinnen. Dann kann man bewusst entscheiden, ob man seine Gefühle augenblicklich strömen lassen will oder erst später in einem passenderen Umfeld (z. B. in einem therapeutischen oder seelsorgerlichen Setting oder auch etwa beim Tagebuchschreiben), oder ob man sich in einen Zustand des Gleichmuts bringen will. Dazu dienen Autosuggestionen (Innerer Dialog) – und damit diese wirken, braucht man (wie überall!) auch hier Übung.

Oft ist es aber gar nicht der Verlust von Beziehungen (zu Menschen oder auch Dingen), die einen „aus der Bahn werfen", sondern der Verlust der gewohnten Alltags-Sicherheit.

Es war Anfang der 1980er Jahre, als mich an einem Samstagnachmittag eine mir flüchtig bekannte Frau anrief und sich beklagte, dass mein Ehemann (der zu der Zeit angeblich bei einem Abituriententreffen in Kärnten weilte), der ihr einen Job verschafft hatte, nachdem sie arbeitslos geworden war, für sie nicht mehr zu sprechen sei. Auf meine verwunderte Frage, weshalb sie deshalb mich und noch dazu am Wochenende anriefe, brach es aus ihr heraus: Sie hätte seit Jahren ein Verhältnis mit meinem Ehemann und auch eine zweijährige Tochter von ihm. Schock! Das Gefühl, der Boden wäre mir unter den Füßen weggezogen worden, Schwindelgefühle, Kälte – der Kreislauf reagierte ... und dann die Autosuggestion (Innerer Dialog): „Bleib ruhig – jetzt erfährst Du was!" Was ich dann gesprochen habe, weiß ich nicht mehr – klassische Dissoziation –, aber ich weiß, dass ich mich sachlich und korrekt verhalten habe. Ich spürte die Verzweiflung dieser Frau und musste einfach zu ihr halten: Kom-

munikationsverweigerung ist für mich ein ultimatives No Go – es ist feig, demütigend und verletzend. Was ich aber weiß, ist, dass ich am Sonntag, nachdem ich alles überschlafen hatte, meinen Ehemann im Hotel in Kärnten anrief und in etwa sagte: „Was du mir verschwiegen hast, weiß ich jetzt – ich hatte gestern einen Anruf von NN – und du brauchst gar nicht mehr heim zu kommen, kümmere dich um ein Logis bei deinen Geschwistern." (Meine Stieftochter, die ich erst 30 Jahre später auf meine Einladung hin beim Begräbnis meines Ehemannes – der drei Wochen vor unserem 40. Hochzeitstag schwerkrank verstorben war – kennenlernte, ist heute meine engste Mitarbeiterin und eine große Liebe von mir.)
Der Verlust besteht in diesem Fall im Wegfall des gewohnten Ehe-„Selbstbildes".

Der Verlust der Alltags-Sicherheit kann aber auch durch das Miterleben einer noch nie angedachten Situation eintreten.

Ein 16-jähriges Mädchen hatte in der U-Bahn zusehen müssen, wie ein Mann eine Frau schwer misshandelte und niemand einschritt – auch sie selbst war wie erstarrt, und diese Unfähigkeit, in ihren Alltag zurückzufinden, hielt an. Sie hatte Schlafschwierigkeiten, konnte sich in der Schule nicht mehr konzentrieren, verhielt sich zunehmend ängstlich, also etliche Symptome, die aufzeigten, dass das Erlebnis traumatisch gewirkt hatte. Ihre Mutter erkannte dies und hatte auch bald erfragt, ob rund um den Zeitpunkt der erkennbaren Störung irgendetwas Besonderes vorgefallen war und daraufhin therapeutische Hilfe gesucht.
Der Verlust umfasste hier das Vertrauen auf soziale Sicherheit und dazu zählte auch das Vertrauen auf die Hilfe anderer Menschen. Leider haben wenige Eltern wie auch Fernstehende Wissen, was al-

les Traumata auslösen kann. So suchte mich einmal ein Mann auf, der Erklärung suchte, weshalb er bei den Frauen, die er liebte, beim Versuch, dies auch körperlich zu beweisen, von unspezifischen Ekel- und Angstgefühlen ergriffen wurde. In der Arbeit mit meiner „Technik" (das Wort stammt vom Altgriechischen techné, Kunst) tauchte folgende „Urszene"[142] auf: Er musste als Grundschulkind die Eltern auf deren Befehl beim Geschlechtsverkehr ablichten. Der Widerwillen stammte aus diesen wiederholten optischen „Vergewaltigungen", zusehen und quasi als Dokumentator „mitspielen" zu müssen.

In einem anderen Fall gefiel sich eine Mutter darin, ihre sexuellen Gelüste ihrem Ehemann gegenüber in zotiger Sprache und Gestik vor ihrer 12-jährigen Tochter zu demonstrieren. Die Tochter wurde immer stiller und immer dicker. Offensichtlich hatte sich die Mutter für die abendliche Heimkehr des Mannes eine Rolle als quasi Pornodarstellerin zurechtgelegt und benötigte Publikum.

Dazu ein Zitat der US-amerikanischen Körpertherapeutin Staci Haines aus ihrem Buch zur Wiederherstellung sexueller Selbstbestimmung für sexuell ausgebeutete Frauen: „Als Überlebende von sexuellem Missbrauch bist du schädlicher und negativer Information über deine Sexualität ausgesetzt gewesen. Vielleicht hast du viel über Sex gelernt, weit mehr als damals für dich gut war, doch alles wurde durch den Missbrauch in Mitleidenschaft gezogen – oder war schlicht *falsch*. Du hast im Sinne des Täters von Sex erfahren und nicht in deinem eigenen."[143]

Um die eigene Selbstbestimmung zu erarbeiten, ist geistige (und gleichzeitig körperliche) Aufrichtung erforderlich: sich selbst zuzugestehen, dass man verführt, belogen, in Wahrnehmung und Wehrkraft geschädigt wurde – auch wenn die Täter*innen „nichts dabei" oder alles „ganz normal" finden und damit neuerlich Eigenbestimmung beeinträchtigen. Hilfreich ist aber auch die Rückendeckung durch verständnisvolle und wertschätzende Andere – und die kann man auch konkret einfordern.

Schockierende Erlebnisse (Traumata) werden in Phasen bewältigt:

Zuerst reagiert man üblicherweise mit seelisch-geistiger *Erstarrung*: Die Zeit steht gleichsam still. Wenn Aktivitäten gesetzt werden, dann wie in Trance, also dissoziiert, ohne bewusste Steuerung. Vielfach fehlen deshalb auch Erinnerungen. Hier findet kaum „Bewegung" statt, weil der Organismus seine Energie fürs Überleben[144] braucht.

Mit einiger – individueller und unterschiedlich langer – Zeitverzögerung beginnt die Phase des *„Nicht wahrhaben Wollens"*: Man bezweifelt das eigene Erleben, sucht nach alternativen Erklärungen oder Einflussmöglichkeiten, das Geschehene zu stoppen. Die „Bewegung" in dieser Phase bezeichne ich als Versuch, sich wieder aufzurichten, nur ist er selten erfolgreich und endet in Verkrümmung.

Die folgende Phase zeigt wieder kaum „Bewegung" wie bei einer *Depression*. Hier zeigen sich deutliche Traumafolgen, werden aber oft nicht als Indikation für therapeutische Interventionen gesehen, einerseits weil manfrau sich schämt, oft auch (mit)schuldig fühlt (weil Nahestehende meist versuchen, Schuld oder Mitschuld herauszufinden um sich selbst zu beruhigen, dass ihnen „sowas" nicht widerfahren könnte) und andererseits, weil die dazu nötige Energie noch fehlt.

Wenn diese Energie wächst, kann auch wieder die nötige *Aggression* aufgebracht werden, um sich wieder aufzurichten und zu handeln (beispielsweise in Therapie zu gehen oder Anzeige zu erstatten), denn jetzt ist „Bewegung" wieder möglich. Leider kann es ohne soziale Unterstützung Jahre des Leidens (der Seelenreinigung) erfordern, bis dieses Wachstum abgeschlossen ist.

Der Neubeginn findet dann statt, wenn das schockierende Erleben als Bestandteil des individuellen Lebens angenommen und als „vorbei" integriert (und jeder Versuch von Besserwisser*innen, den Selbstheilungsprozess zu stören, abgewehrt) wurde.

Während bei schockierenden Erlebnissen – wie z. B. auch unerwarteten Kündigungen oder unsensibel bis brutal vermittelten Diagnosen – der Körper mit der Anpassungsleistung an die neue Realität zuerst einmal überfordert ist und Zeit und auch oft kundigen Beistand braucht, bis sich das innere Chaos wieder strukturiert hat, verlaufen Trennungen meist über einen längeren Zeitraum und werden von heftigen Streitgesprächen begleitet. Dadurch bleibt einem zumindest ein „Ventil" zum Ablassen von Kampfenergien – und hinter diesen lauert der Schmerz der Enttäuschung und, wenn die Trennung endgültig ist, die Trauer.

Verlassen werden

Als Romy Schneider (1938–1982) am 18. Dezember 1963 von Dreharbeiten in den USA in ihre französische Wohnung zurückkehrte, fand sie diese leer vor und einen Rosenstrauß samt Zettel ihres (seit 22. März 1959) Verlobten Alain Delon (* 1935): „Ich bin mit Natalie nach Mexiko, alles Gute, Alain".[145] Heute benützen manche Männer für ihr Verschwinden SMS. Ghosting nennt man das jetzt. Und als Gespenst bleibt der FF („feige Flüchter") auch präsent, weil die neue Situation für viele „Hinterbliebene" nicht nur Schock bedeutet, sondern auch entwürdigende Verletzung der Selbstbestimmung. (Auf die sozialen Folgen – neugierige Fragen und grenzverletzende Kommentare der Besserwisser*innen – und finanziellen, wenn Lebenshaltungskosten, Wohnung, vielleicht auch Arbeitsplatz geteilt wurden – will ich jetzt nicht eingehen.)

Wenn man gewohnt war, in einem personalen „Energiefeld" zu leben, bedeutet dessen Wegfall „Entzugserscheinungen" – außer man ist froh, diesem Umfeld zu entkommen. Wie jeder Entzug – also beispielsweise auch bei einer Fastenkur – braucht man die ersten Tage Schonung, bis der Freiheitseffekt einsetzt und man sich an die Leere gewöhnt. Wenn manfrau die Realität akzeptiert und vom Fühldenken auf Sachdenken umschaltet (und, wenn nötig, fürs erste therapeutischen, fürs zweite juristischen Beistand in Anspruch nimmt), kann man sich in eine Größe *hinauf*atmen, die einem fehlt, solange manfrau im Zustand eines emotional abhängigen Kindes verweilt. Dass manfrau auf diese in krisenhaften Lebensphasen *hinab* schrumpft, ist ganz normal – geschieht ja auch bei Krankheiten mit starken Schmerzen oder hohem Fieber. Was für Erwachsene aber nicht normal (im Sinne von nicht veränderungsbedürftig) sein sollte, ist babyhaftes Trotzschweigen in der Erwartung, dass man bemuttert wird (ein Power Play im Sinne Eric Bernes). Zum Erwachsensein zählt dazu, die berechtigten eigenen Bedürfnisse zu erkennen und wohin sie adressiert gehören, sachlich mitzuteilen und auszuhalten, wenn sie nicht oder nicht gleich erfüllbar sind. Um aus dem Zustand des hilflosen Kindheits-Ich in den des kompetenten Erwachsenen-Ich zu gelangen, empfehle ich gerne die Metapher aus „Alice im Wunderland": Mit der mentalen Vorstellung, wie Alice aus einem Keksdöschen nascht und in die Höhe schießt, richtet man sich automatisch auf – und behält diese Haltung auch bei, wenn man sich konträr dazu vorstellt, sich mit einem Schlückchen aus dem zufällig daneben stehenden Fläschchen wieder zu redimensionieren.[146]

Genau diese Autosuggestion hilft auch, Überblick zu bekommen und leichter Entscheidungen treffen zu können, wenn man selbst jemanden oder etwas verlassen will – beispielsweise die Institution, in der man arbeitet, weil man dort gemobbt wird. Die eigene Gesundheit sollte immer Vorrang haben – und dazu gehört auch die soziale Gesundheit.

Nach der Gesundheitsdefinition der WHO (World Health Organization) besteht Gesundheit nicht allein im Freisein von Krankheit und Behinderung, sondern in körperlichem, seelischem und sozialem Wohlbefinden – und, was die Länder der Dritten Welt ergänzend hinein reklamiert haben: das spirituelle (und zwar nicht nur im Todesfall im Spital).

Gesundheitsbeeinträchtigungen wie beispielsweise bei Verleumdungen, Diskriminierungen, all den vielen Mobbingaktionen etc. melden sich zuerst im Bereich der Intuition (und werden dort meist nicht ernst genommen) und wachsen sich dann zu einem Dauergefühl aus. Werden daraufhin keine Veränderungen in Gang gesetzt – hält man still, steckt die eigenen Wahrnehmungen weg und passt sich als gekrümmtes Häkchen an, kann man damit rechnen, dass in drei bis sechs Monaten körperliche Symptome auftreten.[147]

Die Metapher, die ich in diesem Zusammenhang gerne anwende, wenn Klient*innen zwischen „Standhalten oder Flüchten" (der Titel eines Buches von Horst-Eberhard Richter) hin und her schwanken (ein klassisches Beispiel für einen Inneren Dialog!), entstammt dem Roman „Der Graf von Monte Christo" von Alexandre Dumas: Der Held, Edmond Dantès muss unschuldig 14 Jahre Kerkerhaft ertragen, bevor ihm die Flucht aus dem Chateau d'If gelingt. Es hat alles seine Zeit.

7. Selbstbestimmung
Zum Umgang mit Grenzen.

— Don't you know I'm still standing better than I ever did
Looking like a true survivor, feeling like a little kid
I'm still standing after all this time
Picking up the pieces of my life
Without you on my mind …
Liedtext Elton John

Jede Generation hat andere Vorstellungen davon, was ein „gelingendes Leben" wäre.

Hieß das früher für die überwiegende Mehrheit der Menschen, duldsam und stumm die Widrigkeiten des Lebens zu bewältigen und den Gegensatz zu den wenigen, die sich ihr Leben „richten" konnten (und sich auch die Zeit nehmen konnten, melancholische Gefühle zu haben und zu äußern), zu ertragen, wird heute zumindest in der „Ersten Welt" von allen erwartet, dass manfrau erfolgreich ist (und in der „Dritten Welt" erwarten manche, dass dazu die Migration in die „Erste Welt" genügt). Der Mythos vom „einsamen Glückes Schmied" ist unterschwellig wirksam.

Stößt jemand an die Grenzen des Machbaren, wird es ihm oder ihr als Versagen individuell angelastet, egal, ob es sich um äußere, soziale Hemmnisse handelt oder um innere, z. B. biografisch bedingte.

Von meinen Klient*innen höre ich immer wieder Aussagen, wenn sie beruflich an Grenzen gestoßen sind, wie: „Ich habe … nicht geschafft", ohne zu hinterfragen, welche Ressourcen gefehlt haben oder verweigert wurden, und privat heißt es analog: „Ich habe ihn/sie nicht halten können" (wie wenn man einen Menschen an die Leine legen könnte bzw. dürfte). Es zeigen sich irreale Erwartungen – und die entstammen nicht mehr nur den elterlichen Suggestionen, sondern auch den medialen Vorbildern und Kommentaren. Werden sie nicht erfüllt, schaffen sie selbstschädigende Gefühle – wenn sie zu lange (ich würde sagen: über zwei bis drei Tage) andauern. Deswegen halte ich es für wichtig, sich von diesem Seelenunrat zu reinigen.

„Ungefähr zwanzig Jahrgänge junger und jüngster Deutscher waren daran gewöhnt worden, ihren ganzen Lebensinhalt, allen Stoff für tiefere Emotionen, für Liebe und Hass, Jubel und Trauer, aber auch alle Sensationen und jeden Nervenkitzel sozusagen gratis aus der öffentlichen Sphäre geliefert zu bekommen – sei es zugleich mit Armut, Hunger, Tod, Wirrsal und Gefahr.", schreibt Sebastian Haffner in seinen tagebuchartigen Aufzeichnungen über die Zeit nach dem Ersten Weltkrieg, „Nun, da diese Belieferung plötzlich ausblieb, standen sie ziemlich hilflos da, verarmt, beraubt, enttäuscht und gelangweilt. Wie man aus eigenem lebt, wie man ein kleines privates Leben groß, schön und lohnend machen kann, wie man es genießt und wo es interessant wird, das hatten sie nie gelernt."[148] Ich verstehe darunter die gezielte Belieferung mit überheblichem Patriotismus, Nationalismus, Überlegenheitswahn und dazu passenden Feindbildern. Nach dem bzw. einem realen Zusammenbruch ergeben sich unvermeidlich Gefühlslagen von Verlust und Verarmung. Heute folgen solche Gefühle aber vielfach, wenn das eigene Leben nicht mit den irrealen Bildern der allgegenwärtigen Werbung übereinstimmt. Wie sich also verhalten, wenn sich die sozialen wie auch eigenen Erwartungen nicht erfüllen?

Das Verhaltensrepertoire des Stammhirns kennt nur Kämpfen, Flüchten und Totstellen – wie bei den Tieren. Zum Kämpfen (und Verteidigen) gehört auch das bedrohliche Haare aufstellen (vergrößert scheinbar den Körperumfang), Zähne fletschen, Pfauchen, Spucken, Brüllen, Beißen. Menschen nützen darüber hinaus noch den starrenden Blick und verletzende Worte. Im Übergang vom Verteidigen zum Flüchten kennen Menschen auch die Flucht in die Krankheit – eine Art von „Bauch zeigen" in der Hoffnung, Beistand oder wenigstens moralische Aufrichtung zu erhalten. Dem Totstellen entspricht die Große Depression, in der man nicht mehr essen und schlafen geschweigedenn aktiv sein kann und dringend psychiatrische Hilfe benötigt.

Auf Großhirnniveau, also mit Sprache und Zukunftsicht auf mögliche Folgen bieten sich statt Kämpfen die vielen Formen des Verhandelns an, statt Flüchten räumliches, zeitliches, sprachliches (dazu gehört z. B. Protest) und auch gestisches Sich-Distanzieren, und statt Totstellen einfach Abwarten.

Recht auf Widerstand?

Zum Abwarten zähle ich auch, passiv (also ohne gewalttätigen Aktionismus) Widerstand zu leisten. Nach mehr als dreitausend Jahren Gehorsam gegenüber von Priestern interpretierten Götterfiguren, Kaisern, Königen, Tribunen und den ebenso hierarchisch konstruierten Elternhäusern („Keimzellen des Staates") wird angeblicher Ungehorsam noch immer als unkooperativ, antisozial, kriminell oder geisteskrank gewertet (selbst wenn er nur im Nicht-sofort-gehorchen besteht). Dementsprechend scheuen weitblickende Menschen derartige Folgen; sie lassen sich dann Zeit, oft zu viel Zeit, um ihre Verhaltensoptionen zu reflektieren, ohne diese zu deklarieren. Offener Widerstand als eine Möglichkeit gehört auch zu diesen Optionen – jedoch wird er vielfach mit Meuterei gleichgesetzt. Aber die gehört in den militärischen Bereich – nicht in den zivilen.

Widerstand erfordert ein starkes Rückgrat, aber auch Rückendeckung bzw. wenn diese fehlt, ein hohes Maß an Risikobereitschaft. Der Reformator Martin Luther (1483–1546) soll der Legende nach 1521 vor dem Reichstag zu Worms in der Verweigerung, seiner Lesart der Bibel „abzuschwören", gesagt haben: „Hier stehe ich – ich kann nicht anders. Gott helfe mir. Amen." Und tatsächlich wurde ihm geholfen – als Ketzer unter Reichsacht[149] gestellt, wurde er dank der Unterstützung seines Landesfürsten Friedrich des Weisen heimlich entführt und auf der Wartburg versteckt.

Es ist Liebe, die Menschen zum Widerstand befähigt – aber ebenso auch zur Anpassung oder zum Ertragen: Bei Martin Luther war es die Liebe zu Gottes Wort in Originalsprache – also ohne die Interpretationen der Kirchenväter, die ihm falsch vorkamen.

Bei dem Journalisten und Romancier Émile Zola (1840–1902) war es die Liebe zur Gerechtigkeit, die ihn zur Verteidigung des wegen angeblichen Landesverrats unschuldig verurteilten und später rehabilitierten jüdischen Hauptmanns Alfred Dreyfus an Staatspräsident Félix Faure schreiben ließ.

Bei den erfolglosen Attentätern des 20. Juli 1944 war es die Liebe zu den Menschen, die in einem aussichtslosen Krieg im Feld oder im Bombenhagel daheim ihr Leben verlieren mussten.

Bei dem indischen Rechtsanwalt Mohandas Karamchand „Mahatma" Gandhi (1869–1948) war es die Liebe zu Unabhängigkeit, Gleichberechtigung und Selbstbestimmung für alle Menschen.

Bei den Mitgliedern der mittlerweile internationalen Pfarrerinitiativen ist es die Liebe zu ihren Kirchengemeinden. (Bei vielen Funktionären politischer Parteien verdrängt leider der Hass auf den politischen Mitbewerber die Liebe zur engeren lokalen wie weiteren nationalen und derzeit fälligen internationalen Heimat: Europa. Bis zur ganzen Welt ist es noch ein sehr weiter Schritt.)

Bei der deutschen Kapitänin Carola Rackete (* 1988) ist es die Liebe zu ihrer Ethik der Kapitänspflichten und der Menschenrechte.

Bei der schwedischen Klimaaktivistin Greta Thunberg (* 2003) ist es die Liebe zur Umwelt.

Sie alle hatten Häme, interne oder externe Strafverfolgung zu ertragen und sind aufrecht geblieben, auch als sie noch keinerlei Unterstützung bekamen.

Und dennoch ist es berechtigt, zu fragen, ob nicht da und dort Liebe in Fanatismus kippt und Hass erzeugt – nicht nur bei denen, die eine gegenteilige Position vertreten, sondern auch bei sich selbst im Umgang mit Gegnern. Zum Aufrichten und zur Aufrichtigkeit gehört auch, dass man anderen respektvoll, „auf Augenhöhe" begegnet (weil man sonst ein „krummer Hund" ist). Heute spotten viele und erhöhen sich damit über andere, um damit sichtbarer zu werden und in die Medien zu kommen. Das spart vielleicht die Zeit, die man bei seriöser Fundierung und Äußerung der eigenen Position (Haltung) bräuchte, mindert aber auch die eigene Gewichtigkeit, und die ist wesentlicher Bestandteil von Standfestigkeit.

An ihren Taten sollt ihr sie erkennen, heißt es durchgängig im 1. Johannesbrief in der Bibel. Bevor man „tut", sollte man, wenn möglich, das eigene Handeln überdenken. (Ich erinnere an die minimale Zeitlücke in den neuronalen Schaltprozessen.) Das ist Selbstreflexion. Jedoch: „Nationalismus, also nationale Selbstbespiegelung und Selbstanbetung, ist sicher überall eine gefährliche geistige Krankheit, fähig, die Züge einer Nation zu entstellen und hässlich zu machen, genau wie Eitelkeit und Egoismus die Züge eines Menschen entstellen und hässlich machen.", warnte Sebastian Haffner.[150] Es gilt also wiederum die Methode des Differenzierens anzuwenden – vor allem auch auf sich selbst. Regelmäßig. Auch das gehört zur Selbstbestimmung.

Salutogenese

Die Wortneuschöpfung Salutogenese (wörtlich Entstehung von Heil-Sein im Gegensatz zu Pathogenese, der Entstehung von Krankheiten) stammt von dem amerikanisch-israelischen Medizinsoziologen Aaron Antonovsky (1923–1994), der herausfinden wollte, was den Unterschied bewirke, dass die einen Menschen nach Hochstresserfahrungen dauerhaft krank waren und andere nicht. Er suchte daher nach „generalisierten Widerstandsressourcen" wie Geld, Ich-Stärke, kulturelle Stabilität, soziale Unterstützung und dergleichen als Kriterien zur Verarbeitung von Spannungszuständen. Er fand drei Gesundheitsfaktoren: das Geschehen verstehen zu können, Gestaltungsmöglichkeiten zu finden und die Einordnung in die eigene Biografie als sinnhaftes Bruchstück (also nur als einen Teil unter vielen). Er prägte dafür den Ausdruck „sense of coherence" (Kohärenzgefühl).[151]

Ich wurde Ende der 1980er Jahre voneinander unabhängig von zwei Klientinnen, die beide beruflich diesen Gedanken der Ressourcen-Orientierung, die eine vom Gesundheitsministerium aus, die andere für die Stadt Wien, implementieren bzw. propagieren sollten, mit Antonovskys Konzept vertraut gemacht und erkannte, dass ich in meiner Arbeit mit vergewaltigten Frauen schon vor Längerem gleiche Erkenntnisse gewonnen hatte. In den Folgejahren unterrichtete ich laufend Krankenpflegepersonen, die das Salutogenese-Konzept umsetzen sollten, aber nicht wussten wie. Wie denn auch: Antonovsky war Soziologe, daher war seine Forschungsrichtung auf Menschengruppen ausgerichtet, nicht auf Betreuung und Behandlung wie bei Sozialarbeitern bzw. Psychotherapeuten.

In meiner Entschlüsselung des Phänomens, weshalb manche Menschen – in meiner Arbeit vor allem Frauen – nach massiven Gewalterfahrungen relativ schnell wieder „zu sich" fanden (während andere in dieser „Urszene" gefangen blieben), benannte ich drei Schritte („Bewegungen"):

„Wahr"nehmen – denn bevor man etwas „verstehen" (Antonovsky) kann, muss man es überhaupt erst einmal zur Kenntnis nehmen, und zwar ohne sich (und andere sowieso nicht) zu belügen, also zu verharmlosen oder zu dramatisieren.

Alternatives Verhalten finden oder erfinden – danach fragten vor allem die Krankenpflegepersonen, denn sie dachten an Pflegehandlungen (und so wird ja auch Salutogenese vor allem präventiv auf Ernährung, Gymnastik und Sport und Entspannungstraining fokussiert) – während ich das Verhalten in der jeweiligen Stresssituation im Blickpunkt halte.

Selbstbestimmte Entscheidung und Verantwortung des eigenen Handelns – womit ich die eigen"sinn"ig und nicht gesellschaftlich bestimmte Wahl der Verhaltensoption anspreche, die „ganzheitlich" als die richtige bewertet wird, und auch deren Verteidigung gegen Besserwisser, die im kritischen Eltern-Ich nach Schuld oder zumindest Mitschuld suchen um sich selbst nicht als ebenso gefährdet erkennen zu müssen.

Salutogenese praktizieren

Besonders nach Enttäuschungen, seelischen Verletzungen und Verlusten, wenn man sich klein fühlt, schwach, hilflos (Regression ins Kindheits-Ich), braucht man Schonzeit (und die verkürzt sich, je mehr man auf „Wachstum" – „aus dem Tief herauswachsen" – trainiert ist).

Der erste Schritt dazu ist, die eigene Situation *und* Seelenlage „wahr"zunehmen: „So geht es mir im Augenblick" – und „das wird sich wieder verändern". Wird es – nicht nur Gedanken, auch Gefühle sind wie Vögel, die über dem Kopf hinwegfliegen. Dabei lohnt es sich, auf die eigenen Negativsuggestionen zu achten (Übungssache!) und die entsprechenden Gegensuggestionen zu suchen.

Mentale Gegensuggestionen zu suchen ist eine Spielart (Betonung auf Spiel) des Suchens nach alternativem Verhalten. (Statt über dem Kopf hinwegfliegende Raben kann man ungeschickte Flugversuche von z. B. rosaroten Schweinchen phantasieren, denn man selbst ist Drehbuchautor*in und Regieleiter*in des eigenen Kopfkinos!)

Eine andere besteht im Gegenüberstellen von Kampf-, Flucht- und Totstellreaktionen. Zu den Fluchtreaktionen zählt auch die PROvokativmethodische Flucht in den Humor, in betonten Respekt oder auch in gespielte Krankheitssymptome. Gerade im Zusammenhang mit Vergewaltigungen haben mir viele Überlebende erzählt, wie sie mit diesen ungewöhnlichen Alternativen ihren Peinigern entkommen konnten. Leider glauben noch immer viele, die diese Straftaten zu beurteilen haben, an die Klischees filmischer Kampfbilder oder die von der Strafverteidigung behaupteten Phantasiedarstellungen und vergessen, dass es sich dabei um Äußerungsformen spezieller Berufe handelt.

Verantwortung – das steckt das Wort „Antwort" drinnen – bedeutet, sich bei Infrage-Stellung des eigenen Verhaltens aufzurichten und aufrichtig zu bekennen: „Ich sage, weshalb ich mich *entschieden* habe, so zu handeln!" Und wenn diese Grenzziehung noch immer nicht respektiert wird, nachzusetzen: „Und bitte respektieren Sie das!", anstatt sich aus dem entschuldigenden Kindheits-Ich zu rechtfertigen (wie es üblicherweise geschieht).

Von dem irischen Schriftsteller und Lyriker Oscar Wilde (1854-1900) stammt der Ausspruch „We should treat all the trivial things of life seriously, and all the serious things of life with sincere studied triviality". (Wir sollten die leichten Dinge des Lebens ernsthaft behandeln und die ernsten Dinge mit gepflegter Leichtigkeit." Übersetzung von mir.) Ich interpretiere diesen weisen Satz so: Wir selbst entscheiden, wie wir etwas bewerten, wie wir damit umgehen wollen und wie wir begründen, warum wir uns in der einen oder anderen Weise entschieden haben. Das ist Selbstbestimmung – und die ist wohl der wesentlichste Bestandteil von „ganzheitlicher" (Körper, Seele und Geist in Einklang) Gesundheit, aber auch der gefährdetste, nicht nur wegen der Allgegenwart von Manipulation und Gewalt, sondern auch wegen der hohen Bereitschaft zu unreflektierter Unterwerfung aus Angst oder aus Liebe.

Salutogenese ist keine Einbahnstraße!

Salutogen leben heißt auch, auf die – körperliche, seelische, mentale und spirituelle – Gesundheit aller anderen zu achten, indem man sich selbst als Ressource für deren Wohlergehen (oder Beeinträchtigung) erkennt und „bestimmt".

8. Wachsen in Schritten
Vertiefende Erklärungen und Anleitungen

— Und dann bin i ka Liliputaner mehr –
I wochs, i wochs, i wochs!
Liedtext André Heller

„Aber was geschieht mit dem Teil von Menschlichkeit, der unterdrückt wird?", lautet eine Frage bei Horst-Eberhard Richter, und dazu die Antwort: „Ein Teil von innerem Leiden lässt sich durch oberflächlich machbare Techniken abwehren." Millionen würden ihre Ängste und Depressionen mit Psychopharmaka betäuben. (Ich ergänze: Drogen, Alkohol mitgemeint.) Ein gewisser „surrogativer Beschwichtigungseffekt" fände auch statt, kritisierte der Psychoanalytiker, wenn man sich fortwährend in den Konsum von Waren (und Dienstleistungen, ergänze ich wieder) stürzt, die eine gigantische Wirtschaftswerbung als die eigentlichen Vermittler von Lebensglück suggeriert. „Ein Teil von Leiden lässt sich ferner durch bestimmte Sozialtechniken verschleiern." Damit meinte Richter auch „sozialadministrative Daten", z. B. Statistiken, aber auch die „abstrakten Resultate chemisch-physikalischer Analysen" in der Medizin. „Eine Gesellschaft, die einseitig auf das Ideal von Größe und Stärke fixiert ist, kann sich nur dadurch stabil halten, dass sie den Gegenaspekt von Dürftigkeit und Ohnmacht durch soziale Spaltungsmanöver ausgrenzt.", legt der Sozialpsychiater schonungslos den Finger auf die verleugnete gesellschaftliche Wunde: „Die Männer können sich solange als leidlose Macher aufführen, solange sich die Frauen gefallen lassen, das machtlose Leiden als

Geschlechtsmonopol auf sich zu nehmen." Die, die sozial unten sind, müssten unten bleiben, damit die anderen „ihr künstliches Obensein als vermeintlichen Erfolg sozialer Selbstverwirklichung feiern könnten."[152]

Auch wenn Psychoanalytiker zu permanenter Selbstreflexion und regelmäßiger Supervision des beruflichen Handelns raten (das ist ja auch primäres Kriterium ihres eigenen Berufs!) und „bestimmten Sozialtechniken" eher kritisch gegenüberstehen, will ich hier doch einige bewährte Methoden zur Selbstveränderung aus verschiedenen psychotherapeutischen Schulen bzw. auch solche, die ich selbst entwickelt habe, aufzeigen.

Ihre Wirksamkeit beruht generell darin, gewohnte Denk-und-Fühlmuster so, wie man auch ein Videoband mit neuen Inhalten überspielen kann, mit selbst konstruierten neuen Bildern zu tauschen: Wichtig ist dabei, dass man, während man so ein Bild vor dem geistigen Auge ablaufen lässt, gleichzeitig wie ein Schauspieler das Wesentliche an dem alternativen „Verhalten" bzw. „Geschehen" – egal ob es von einem Menschen, einem Tier, einer Pflanze oder einer Naturgewalt stammt – imitiert.

Dieses „alternative Verhalten" beinhaltet meist das, was viele Menschen nicht anzudenken wagen, weil sie mit der Polarität „richtig – falsch" erzogen wurden. Dass es auch dritte, vierte und weitere Möglichkeiten gibt oder in Bälde geben könnte, wurde in der Kindheit nicht vermittelt – zum Teil, weil die Eltern selbst nicht zu dieser „schöpferischen Expansion" (© Frederick Mayer) angeleitet worden waren, zum Teil weil sie sich vor unliebsamen Überraschungen schützen wollten.

Gedankenkontrolle und Autosuggestionen

Wenn ich Seminare zum Thema Stressprophylaxe oder auch Burn-out halte, frage ich die Teilnehmenden immer, woran sie merken, dass sie unter Stress stehen. Meist kommen dann Antworten hinsichtlich Zeitdruck, Leistungsdruck, missachtendem oder demütigendem Verhalten von Vorgesetzten, Kollegen, vor allem aber Kunden. Ich präzisiere dann, dass dies äußere Gegebenheiten seien, auch Ausdruck ihrer subjektiven Bewertungen, aber noch kein inneres Erleben – denn vieles davon erlebe ich ja auch tagtäglich, aber nicht alles löse bei mir Stress aus. Wir tauschen dann unsere Erfahrungen aus – und dabei achte ich darauf, wie die Seminarteilnehmer*innen atmen. Zumeist beginnen sie in der Erinnerung schneller zu atmen, nach Luft zu schnappen, sich zu versprechen oder „den Faden zu verlieren" und geben sicht- und hörbare Stresssignale von sich. Oder sie verstummen ganz, „stellen sich tot". Ich bitte dann, sich die gerade erinnerte Situation noch einmal vorzustellen und dabei auf die Atmung zu achten – und sie zu verlangsamen. Der Atem ist dem Willen weitgehend zugänglich – und den „langen Atem" kann man trainieren (auch wenn man bisher noch keine passenden Vorbilder erlebt hat). Das ist grundsätzlich die wichtigste Autosuggestion, denn man schafft dadurch seelisch „Raum" und damit Platz für etwas Neues.

▶ *Seite 12* Im sogenannten „Inneren Dialog" steckt man üblicherweise zwischen zwei Alternativen fest – ein Dilemma. Ihn zu steuern beginnt damit, diese zwei unterschiedlichen Standpunkte in der Form eines Gesprächs wahrzunehmen und *sofort* zu prüfen, was davon fördernd ist und was nur verunsichernd, ängstigend, beschämend … und wenn solche negativen Bewertungen als Auslöser für schlechte Gefühle enttarnt wurden – sie müssen es ja nicht unbedingt sein, sie können ja auch helfen, Situationen realistischer zu sehen! –, dann gilt es, sich autosuggestiv zu beruhigen: durchatmen, aufrichten, möglichst objektiven Überblick und Zeit gewinnen, Entscheidungen wenn möglich auf später verschieben. Im Volksmund lautet die gängige Autosuggestion „Nur ruhig Blut!", wobei das Zauberwort „ruhig" heißt. Es könnte eigentlich auch nur „Ruhe!" (wie in der Kurzformel beim Autogenen Training[153]) lauten, dabei besteht aber die Gefahr, dass man es im Befehlston denkt, es müsste aber ganz langsam mit gedehntem „U" intoniert sein.

Ich registriere zwei Arten von „Inneren Dialogen". Die eine besteht darin, mit sich selbst zu reden – aber es ist nicht so selbstverständlich, dass einem das auch bewusst ist. Wenn man beginnt, darauf zu achten, werden manche merken, dass sie sich in „Gedankenfusseln" Anweisungen geben; andere formulieren vollständige Sätze. Und bei manchen laufen Lieder ab.

Ich erinnere mich an eine Klientin mit einer überstrengen Mutter und einem übergriffigen Onkel. Um der mütterlichen Kritik zu entgehen, pflegte sich die junge Frau jedes Mal auf der Heimfahrt von Wien einige Orte vor dem Ziel an einer Tankstelle umzuziehen: statt Folklore strenges Kostüm, dunkelblau, mit weißer Bluse und Pumps – wie sich die Mutter halt eine Akademikerin vorstellte, „im Sekretärinnen-Look".
Mutters Bruder hingegen, brach einmal eine Kindheitserinnerung heraus, hatte immer wieder ihre Hand geschnappt, hinten in seine Hose gesteckt, einen Flatus „fahren gelassen" und „gescherzt": „Fang ihn!"
Immer wenn meine Klientin von solchen Verkrümmungen berichtete, wurde sie gleichzeitig gedanklich von dem Lied „Fein sein, bei'nander bleiben" verfolgt.

Die andere Art von „Innerem Dialog" ist eigentlich ein Monolog. Die Transaktionsanalytikerin Mary Goulding[154] nennt diese dominierende Stimme „Kopfbewohner". Sie gibt Befehle oder Verbote von sich, treibt an oder übt „krümmenden" Druck aus. Solche klassische „Antreiber" im geistigen Ohr kommandieren: „Mach keine Fehler!", „Streng dich (mehr) an!", „Sei ein bisschen lieb (brav, folgsam, …)!", „Sei schnell(er)!", „Lass dir nichts gefallen!", aber auch: „Sei nicht so aggressiv (stur, still, fad, …)!" Hat man den Kopfbewohner „brav" verinnerlicht, lauten die Sätze dann: „Ich sollte …", „Ich muss doch …" und machen Schuldgefühle, oder, wenn man sie „weghaben" will und sich dagegen wehrt, aggressive Gefühle und damit noch einmal verstärkte Schuldgefühle („Ich soll nicht aggressiv sein…"). Begleitet werden diese Gedanken von hochgezogenen Schultern (oder verkniffenem Mund bei vorgestrecktem Kinn), und das verhindert Aufrichten und Aufrichtigkeit.

Alle, die sich in NLP vertieft haben, wissen wohl, dass Verneinungen gedanklich „gelöscht" werden: Sätze wie „Denken Sie nicht an Blau"[155] führen nur dazu, dass man sofort vor seinem geistigen Auge Blau sieht oder als Erinnerung (z. B. an eine Alkoholvergiftung) „spürt".

Das Geheimnis der *Methode des „Positiven Denkens"* besteht daher darin, solche Negationen immer öfter bei sich wahrnehmen zu üben und durch positive Formulierungen zu ersetzen – und auch anderen Menschen gegenüber zu praktizieren (und sich zu verzeihen, wenn man in die altgewohnten Sprachformen zurückfällt).

Eine Variation davon sind Zwangsgedanken, die negative Gefühle auslösen. Auch sie kann man gedanklich mit *„Gegenbildern"* auflösen – so wie man ein Ton- oder Videoband überspielt.

So wurde eine Freundin, nachdem sie ihr späterer Ehemann kurzfristig einer anderen Frau wegen verlassen hatte, von Bildern verfolgt, in denen sie ihn bei der Neuen am Küchentisch sitzen sah und genussvoll Sterz – seine Lieblingsspeise – essen sah. Die Befreiung davon gelang ihr, als sie begann, als „Regisseurin ihres Films" das „Drehbuch" zu ändern: Der Sterz brannte an, war zu heiß und der Ungetreue verbrannte sich den Mund und begann heftig zu schimpfen, der Sterz glitt aus der Pfanne statt auf den Teller auf den Boden etc.

Sigmund Freud hat in seiner Abhandlung „Der Witz und seine Beziehung zum Unbewussten" aufgezeigt, wie häufig sich unter angeblichen Scherzen unbewusste bösartige Aggressionen verbergen.[156] Wenn man sich seine Aggressionen bewusst macht, kann man sie transformieren: beispielsweise statt sie zu unterdrücken gleich in demonstriertes Leiden an den bösen Anderen verwandeln oder aber zu heiteren (!) geistigen Filmen oder Bildern umgestalten (aber natürlich auch zu rachsüchtigen, aber das ist nicht salutogen).

Ich bin eine Hobbystrickerin, aber Stricken allein ist mir zu fad, daher suchte ich zu der Zeit, als ich für solche Gelegenheiten von meinen Söhnen noch keine DVDs geschenkt bekam, im Fernsehen nach einem halbwegs interessanten Film. Dabei stieß ich einmal auf die Verfilmung eines Romans von James Ellroy (den Titel sage ich bewusst nicht, um anderen den Schock zu ersparen, den ich erlitt), der auf einer wahren Begebenheit beruhen soll. Im letzten Drittel dieses Films gibt es eine Szene, in der der – noch nicht aktiv gewordene – Mörder sein geplantes Opfer aufsucht. Er tritt in den Raum in Mantel und Schal, und den hat er bis unter die Nase um sein Ge-

sicht geschlungen. Dann nimmt er ihn ab – und er hat keine Lippen. (Die wurden ihm als Kind von seinem sadistischen Chirurgen-Vater wegoperiert.)
Dieser Anblick verfolgte mich tagelang als Intrusion, also ein deutlicher Hinweis, dass mich diese Szene traumatisiert hatte –, bis ich meine Methode an mir selbst anwendete: Ich stellte mir das Gesicht wie einen Schweinskopf zu Sylvester vor, mit Petersilie in den Ohren und einer Zitrone im Mund. Mit dieser Humorintervention (siehe später unter PROvokativmethodik) war der Spuk gebannt, und wollte er sich wieder in mein Denken einschleichen, half das Bild sofort.

In meinem Buch „Die Tao-Frau"[157] habe ich das Sprichwort zitiert „Man soll den Teufel nicht an die Wand malen" – dann ist er nämlich präsent – und stattdessen empfohlen, einen Engel an die Wand zu malen. Das entspricht genau dieser Methode.

▶ *Seite 18* **Zähigkeit** entwickeln: Auch wenn man bei sich eine bestimmte Eigenschaft verfestigen will, helfen geistige Bilder – nämlich solche, in denen man sich bereits *hoffnungsvoll* in dem Wunsch-Zustand sieht. Die meisten Menschen wählen zu ihren Wunschbildern ungeeignete Gefühlslagen: Neid, Resignation, Hoffnungslosigkeit … und das besonders, wenn sie von einem „Negativ-Coach" (meist in der Verwandtschaft überreich vorhanden) angeleitet werden.

Noch immer glauben viele „Erziehenden", man könnte mit der Feldwebel-Methode „Management by Champignon" – die „Untergebenen" im Dunkeln halten und von Zeit zu Zeit mit Dreck bewerfen – so viel Wut hervorrufen, dass diese „es" einem dann „zeigen wollen", dass sie nämlich kein kleines Schwammerl sind.

Aber wie das Zitat von Alice Miller (Seite 25) zeigt, lernt man dabei eher den Verbalgewalttäter zu verinnerlichen und nachzuahmen und seine Übergriffe weiterzugeben wie den Staffelstab im Staffellauf.

Zähigkeit – das Dranbleiben am Übungsziel – kann bereits nur durch das Suggestivwort „zäh" erreicht werden. Sagt man es einem Kind – oder wem auch immer, der oder die das Wort noch nicht kennt – und muss es daher erklären, genügt es meist, ein geistiges Bild dazu zu zeichnen oder mit einer Metapher (einem Gleichnis) bildhaft zu veranschaulichen. Allerdings darf man dazu nicht in der schnellen „Alltagssprache" reden. Um tiefere Seelenschichten zu erreichen, ist es notwendig, dass man als Sprecher*in den Inhalt der Botschaft „atmet", sich also im *felt sense* befindet, wie ihn Agnes Wild-Missong erklärt hat (siehe oben). Diesen möchte ich im Unterschied zu der üblichen oberflächlichen Redeweise folgendermaßen verdeutlichen:

Wenn man daran denkt – oder sich zu beobachten erlaubt – merkt man, dass es *zwei Arten von Blicken* gibt: „tote", „eiskalte", „sachliche" Blicke, aus denen keine freundliche Energie strahlt, und „lebendige", „warme" und „herzliche" voll Energie (und leider auch Imitationen). Der bereits zitierte Paul Ekman ist dafür bekannt geworden, dass er die Entdeckung des sogenannten „echten" Duchenne-Lächelns (nach dem französischen Physiologen und Neurologen Guillaume-Benjamin Duchenne de Boulogne, 1806–1875) mit eigenen Forschungen bestätigen konnte: beim „echten", d. h nicht vorgetäuschten Lachen wird ein bestimmter Augenringmuskel (Musculus orbicularis oculi), der dem Willen unzugänglich ist, aktiv. Dieser bleibt untätig, wenn man Lachen oder Lächeln „vorspielt, denn da betätigt man den dem Willen unterworfenen Musculus zygomaticus major".[158]

Ähnliches kann man auch aus der *Stimme* heraushören, aber diese kann man viel leichter trainieren – denken wir nur daran, wie viele Heirats- oder Neffentrick-Schwindler offensichtlich diese Begabung (abgeschaut bzw. „abgehört") haben! Schlussendlich liegt es – wie schon Gavin de Becker aufgezeigt hat – an der Intuition, der inneren Stimme des Gewissens, ob man eigenes Misstrauen wahrnimmt und ihm vertraut. Aus einem Film der Marx Brother stammt der Satz, als Groucho den Lover der ungetreuen Geliebten im Schrank entdeckt: „Wem glaubst Du mehr? Deinen Augen oder mir?"

Im Endeffekt liegt es an der Stress-freien Entspannung des „guten Gewissens", dass man echtes Vertrauen ausstrahlt, aber auch am höflichkeitsfreien Zuhören, ob man das „zwanglos" wahrnehmen kann. In Antoine de Saint-Exupérys Kultbuch „Der kleine Prinz" sagt der weise Fuchs: „Man sieht nur mit dem Herzen gut – das Wesentliche ist für die Augen unsichtbar".[159] Das entspricht den Formulierungen im Alten Testament, wenn es dort etwa heißt, „er sprach zu ihrem Herzen" (1 Mose 34, 3) oder umgekehrt, dass Gott „das Herz" des Pharao „verstockt" hat (2 Mose 4, 21; 7, 13). Wie aber Misstrauen aufrichtig und korrekt ausdrücken?

▶ *Seite 38* Um schwierige Botschaften korrekt auszudrücken, eignet sich das sogenannte Du-Ich-Bitte-Modell oder Vier-Ohren-Modell, eine aus Beobachtungen vieler Gesprächs-Situationen erarbeitete Kommunikationsstruktur.

Ihre Wirksamkeit beruht darauf, dass
- erstens der geplante Inhalt einer Aussage in drei Teile zerlegt und dadurch verlangsamt wird und
- zweitens darauf geachtet wird, Sachbetontes und Emotionales in ein zeitliches Vor- oder Nacheinander zu trennen.

Viele Situationen werden erst dann schwierig, wenn man nur (und spontan, daher unbedacht) auf den emotionalen „Ton" einer Aussage reagiert und nicht auf den eigentlichen sachlichen Inhalt. Der Hamburger Psychologieprofessor Friedemann Schulz von Thun (*1944), der diese präzisierte Form von Gesprächsführung propagiert hat, unterscheidet daher das Hören mit dem Sach-Ohr vom Hören mit dem Beziehungs-Ohr.[160] Dies zu differenzieren kann man lernen. Diese Verkörperung des „Umschaltens" von der emotionalen Impulsreaktion auf die „vernünftige" Achtsamkeit auf mögliche Motive oder auch Taktiken geschieht üblicherweise mit einer Aufrichtung des Kopfes und ernsthaftem Blickkontakt.

Transaktionsanalytisch betrachtet, könnte man in diesem Aufrichten den Wachstumsschritt von der üblichen kindlichen zu einer erwachsenen Reaktion feststellen. Wiederum liegt es an Vorbildern und Erziehung, ob man auf dem (tiergleichen) Stammhirn-Niveau der ersten zwei, drei Lebensjahre verharrt oder gleichzeitig mit dem Spracherwerb auch lernt, bevor man etwas sagt, zu überdenken, ob der erste geistige Entwurf auch der „große Wurf" sein wird oder nur ein Abwurf aus dem Gefühls-Orbit.

Wenn man Hunde beobachtet, merkt man, dass sie, wenn es brenzlig oder gefährlich wird, sofort die Ohren aufrichten und bei Fortdauer der Auslösesituation ihre Körperhaltung verändern. Sie strecken sich – „wachsen" – stellen eventuell ihre Fellhaare auf (was auch den Körperumfang und die Kraftabstrahlung vergrößert) und gehen in Kampfposition, und in der weiteren Folge wird es immer schwieriger, sie zur Folgsamkeit zu bringen. Man muss schon bei den ersten Anzeichen „beruhigend" einwirken. Bei Menschen ist es nicht viel anders.

Zusammenfassend könnte „metaphorisch" entschlüsselt werden: Statt einem einzigen Paukenschlag wird dreimal das Triangel angeschlagen – aber die Noten der beabsichtigten Partitur bleiben dieselben.

Konkret könnte man die Gliederung des Du-Ich-Bitte-Modells so beschreiben:

° Zuerst werden die jeweiligen Tatsachen genannt, an die angeknüpft wird – eine Handlung („Sie haben soeben … gemacht"), ein Konflikt („Du hast gestern …"). Diese sollten keine Bewertung, sondern nur Fakten enthalten.

° Danach erst folgt der persönliche Bezug, und jetzt können auch Gefühle („Das hat mich verwirrt") oder Bewertungen („Das habe ich nicht richtig gefunden") beigefügt werden.

° Zuletzt wird das Ziel verdeutlicht, weswegen man überhaupt das Wort ergriffen hat – also eine Aufforderung („Behandeln Sie mich bitte respektvoll!"), eine Bitte („Bitte gehen Sie zur Seite!"), ein Wunsch („Ich möchte das nie wieder erleben müssen!") oder auch eine Ankündigung („So werde ich in Hinkunft handeln und bitte respektieren sie das!")

° Und während all dieser zumindest drei Sätze gilt es, auf die Beziehungsebene zu achten, vor allem auf den eigenen Gestaltungsanteil beispielsweise an aggressiven Gefühlen. Dazu zählt auch Herablassung – eine Sichtweise aus dem Blickwinkel des demütigenden Eltern-Ichs.

Sich aufrichten und selbstbehaupten muss immer auf Augenhöhe zum Gegenüber gelebt werden – besonders, wenn die andere Person ein Kind ist (wobei man körperlich in die Hocke geht) oder sich kindlich-naiv oder kindisch-albern präsentiert.

▶ *Seite 43* Eine Alternative zur ernsthaften Ansprache bildet die von mir in den 1990er Jahren als Lektorin für Didaktik der Gewaltprävention am Institut für die schulpraktische Ausbildung der Universität Wien entwickelte und eine Dekade später als Masterstudium an der Donau Universität Krems implementierte PROvokativmethodik[161]. (Derzeit kann man diese Ausbildung nur in meiner eigenen Akademie[162] absolvieren.) Sie zielt darauf ab, Menschen, die berufsbedingt oder auch privat mit verbalen wie auch körperlichen Attacken zu rechnen haben, sowohl was ihre Persönlichkeit als auch ihr Verhaltensrepertoire betrifft, mit alternativen Blickwinkeln, Einstellungen, Reaktionsmöglichkeiten und den dazu gehörigen wissenschaftlich fundierten Kenntnissen zu bereichern.

Grundsätzlich basiert diese Methode auf der Psychoanalytischen Sozialtherapie, die Harald Picker mit Kollegen für den Umgang mit Konflikten im Dreieck Lehrer – Schüler – Eltern entwickelt hat; von mir wurde sie mit wesentlichen Interventionen aus all den Psychotherapiemethoden ergänzt, die ich erlernt habe[163], aber auch durch Ansätze aus der Mediation, der Sexualpädagogik sowie östlichen Gesundheitspraktiken bereichert.

Transaktionsanalytisch entschlüsselt geht es darum, „schiefe" Beziehungen, d. h. von oben herab (strafendes Eltern-Ich zu „unerzogenem" Kindheits-Ich) oder von unten hinauf (rebellisches Kindheits-Ich zu sachlich-strengem Eltern-Ich) zu „entschrägen", indem man entweder mittels der Technik der „regressiven Kommunikation" heiter (!) auf Kindheits-Ich-Niveau kommuniziert (und eventuell im Sinne von Pacing & Leading auf Erwachsenen-Ich „umschaltet") oder aber entsprechend der Klärungsmethode nach Schulz von Thun sachlich-ernsthaft und respektvoll.

Aus meiner Erfahrung lassen sich viele gewalttätige Paardynamiken vermeiden, wenn man darauf verzichtet, unbedingt Sieger sein zu wollen.

Ich biete dazu die Formulierung und Taktik an, „Kampfangebote" (im Sinne eines „Reframings" oder „Verrückens" nach Picker) als „Spielangebote" zu deuten. Hundebesitzer deuten ja auch das Zähnefletschen ihres „Kameraden mit der kalten Schnauze" als „Der will ja nur spielen". (Das war jetzt bereits angewandte PROvokativmethode!)

Friedfertigkeit ist eine Geisteshaltung der aufrichtigen Wertschätzung der anderen Menschen, egal wie arg sie sich „aufführen". Alle spielen nur die realen oder virtuellen Vorbilder nach, die sie für erfolgreich halten – und fast immer gibt es, wenn man nur ein bisschen nachdenkt, viel bessere Möglichkeiten. David Boadella schreibt dazu: „Fast jeder fehlangepasste Mensch lebt wie in einem permanenten Notfall"[164] – und in Notfällen sollte wohl jeder helfen statt bekämpfen – oder, wenn man dies nicht kann, vom Helferpfusch Abstand nehmen und Kompetentere (aus den Blaulicht-Organisationen) zur Hilfe holen.

▶ *Seite 47* **Abstand nehmen**: Wenn man sich aufrichtet, werden Größenunterschiede deutlicher wahrnehmbar, und für manche Aufgaben braucht es eben Menschen, die größer sind. Man erlebt aber auch „Ausstrahlung" (inklusive Geruch, und abgesehen von Knoblauchessern oder Menschen, die dauernd Geruch bestimmende Medikamente einnehmen müssen, signalisiert Duft- oder Geschmacksunverträglichkeit „Bitte nicht schnuppern!" bzw. „küssen!" – Klartext: Die Immunsysteme passen nicht zueinander!), weil man offener wird für vorher ignorierte Wahrnehmungen. Viele Menschen leiden jedoch lieber stumm, wenn sie sich in unerwünschter Nähe aufhalten müssen und üben so lieber Gewalt gegen sich selbst aus, als dass sie nach dem hilfreichen Wort suchen – beispielsweise „Bitte um Verständnis, dass ich etwas zurücktrete, ich halte Zigarettengeruch schwer aus".

*Seit den 1990er Jahren habe ich laufend für Verwaltungsakademien (Burgenland, Kärnten, Niederösterreich, Wien und Bund) Gesprächsführung in schwierigen Situationen trainiert. In einem dieser Seminare für Bundesbedienstete klagte der Leiter eines Tiroler Postamts über den Schweißgeruch einer jungen Mitarbeiterin. Wir übten daraufhin das Du-Ich-Bitte-Modell. („Mir fällt auf, dass Sie offenbar stark schwitzen. Ich befürchte, dass Ihnen das Kritik einbringen kann – wie wäre es, wenn Sie ein Deodorant benützen würden?")
Ein halbes Jahr später saß der Mann neuerlich im nächsten Seminar, und auf meine verwunderte Frage, wieso das, berichtete er mir (das war sein Motiv nochmal zu kommen): Die junge Frau war ihm für diesen Hinweis sehr dankbar – aber kurz darauf kam ihre Mutter wütend zu ihm und protestierte heftig, denn „ihre Familie bade ohnedies an jedem Sonntag vor dem Kirchgang!" Der Beamte schloss seinen Bericht mit den Worten „Und vermutlich alle im selben Wasser!" (d. h. im Kindheits-Ich, denn Kinder und Narren sagen bekanntlich die Wahrheit!), worauf ich im verständnisvollen Erwachsenen-Ich meinte: „Aber wir wissen nicht, unter welchen hygienischen Bedingungen diese Familie lebt – möglicherweise sind sie Bergbauern und müssen Wasser sparen."
Dass ich überhaupt auf diese Idee gekommen bin, hängt mit meiner eigenen Biographie (und daher meinen erworbenen Wahrnehmungsneuronen) zusammen: Meine Familie lebte zur Zeit als ich zwischen vier und zehn Jahren alt war im zweiten Stock eines Hauses an der tschechischen Grenze, in dem der Wasserdruck so schwach war, dass mein Vater morgens und abends zwei Kübel Wasser aus dem Keller heraufholen musste, und mit dieser Menge musste inklusive Kochen und Abwasch Auskommen gefunden werden – mit ein Grund, dass ich beim Trinken sehr zurückhaltend bin. Deswegen meine ich, wir sollten immer sehr vorsichtig mit unseren Wertungen sein – wir wis-*

sen kaum, was andere in ihrer Biographie haben – aber wir dürfen uns trauen zu fragen! Auch wenn uns das in der Kindheit als unhöflich verboten wurde.

▸ *Seite 58* Tyrannei beginnt oft mit Verboten oder Befehlen. Wenn man darauf achtet, fällt auf, wie oft „der Schnelligkeit halber" Befehlsformulierungen verwendet und damit andere zu „Sklav*innen" abgewertet werden.

> *Besonders häufig hörte ich solche Klagen von Krankenschwestern – etwa über den als besonders pseudomilitärisch empfundenen gewohnheitsmäßigen Zuruf „Apotheke!". Auf meine irritierte Frage wurde ich aufgeklärt: Korrekt formuliert hätte der Satz lauten müssen „Bitte bring mir eine das Apothekenwagerl!" Sich aufzurichten und zu erklären, dass dies eine Bitte sein sollte und als Hilferuf nur in einer echten Notsituation akzeptabel wäre, war noch keiner in den Sinn gekommen.*

Wenn man sich nicht deklariert, werden es andere wohl nie wissen. Allerdings pflegen viele die Ansicht, wenn sie etwas benötigen, hätten sie Anspruch darauf ohne Rücksicht auf „anständige Begegnung". (Ich erinnere dazu an unser Familienrecht!)

Eine Möglichkeit, die eigene Selbstachtung zu wahren und zu demonstrieren, besteht darin, „Aber gerne!" zu antworten. Tyrannei fällt ins Leere, wenn man ihre Ansprüche betont (!) freiwillig erfüllt.

Oft entwickeln sich aus solchen kleinen bzw. kleinlichen Herrschaftsgesten aber Zwangsgedanken: Es fällt einem die Verletzung des Selbstwertgefühls immer wieder ein (Intrusion!) und schafft ungute Gefühle. Die kann man zwar auf Papier „bannen" (per Tagebuch oder Papierkorb- Brief), selbstwertstärkender ist es allerdings, auf die konkrete Situation zurückzukommen – auch wenn sie Jahre zurück liegen sollte – und aufrichtig mittels der Du-Ich-Bitte-Methode in kleinen Schritten samt Vorschlag für künftige Zusammenarbeit zur Kenntnis zu bringen. Eine passende Körpersuggestion besteht aber auch darin, sich beim Aufrichten vorzustellen, das, was man los werden will, hocke wie eine Trud (zählt zur Kategorie Nachtmahr) auf dem Nacken-Schultergürtel, und der befiehlt man: „Rutsch mir den Buckel!"[165]

Einzelne Zauberworte kann man aber auch selbst kreieren, um sich bei seelischer Absturzgefahr in Aggression oder Selbstzweifel aufzurichten.

So arbeitete ich einmal mit einem Team von Wirtschaftsexperten, in dem ein außenpolitisch höchst interessierter Kollege die Gruppe mit überlangen Vorträgen zu aktuellen Vorkommnissen nicht nur nervte, sondern auch von der Arbeit abhielt. Um ihn zu freundlich zu stoppen, wurde ein Codewort gefunden und quasi vertraglich als Halt-Signal vereinbart: Es lautete „Parmalat" – denn eines seiner Lieblingsthemen war der damals über Wochen in den Zeitungen ausgebreitete Skandal[166] rund um den italienischen u. a. dieses Milchprodukt erzeugenden Betrieb.

Ein anderes Codewort, diesmal aber als Autosuggestion gegen Gefühle von Enttäuschung, nämlich der Erkenntnis, getäuscht worden zu sein, nannte ich „Al Gore". Die hochrangige Wirtschaftsexpertin war aufgefordert und auch sehr gedrängt worden, sich für eine Leitungsfunktion zu bewerben, kam aber dann nicht zum Zug. Ihr Gefühl dazu war, man(n) hätte nur eine Frau für den Dreiervorschlag gebraucht und sie quasi „verheizt", und nun hätte sie ihr „Gesicht verloren". Al Gore (* 1948), langjähriger Vizepräsident Bill

Clintons, hatte kurz zuvor als US-Präsidentschaftskandidat trotz Stimmenmehrheit die Wahl verloren und Politbeobachter vermuteten geheime Manipulationen. Ich wollte mit diesem Codewort die Größendimension der angestrebten Funktion wie auch der „Behinderung" sowie den souveränen Umgang mit der Niederlage „verankern" – und habe diese Metapher noch vielfach weitergegeben. Man muss oft nur über den gerne zitierten Tellerrand hinwegschauen, um emotional passende Vorbilder zu entdecken.

▶ *Seite 61* Es sind aber nicht nur Gedanken und Gefühle, die auditive Menschen (die stark darauf reagieren, was sie hören) durch Ohrwürmer von Sätzen, Worten oder auch Namensgebungen leiden machen. Manche darunter sind bewusst gesetzte Verletzungen – beispielsweise bei Paar-, Ehe- oder Familienstreitigkeiten oder anderen Konkurrenzspielen (Power Plays). Manches ist aber auch Anzeichen einer psychischen Störung oder Krankheit; so gehört Streitsucht zur Alkoholkrankheit, und sich gegenüber Beschimpfungen Alkoholvergifteter zur Wehr zu setzen, kann zur Eskalation bis zu Angriffen auf Leib und Leben führen.

Hier ist die Erkenntnis notwendig, dass es sich um ein Krankheitssymptom handelt – immerhin ist Alkohol ein schweres Nervengift und zerstört auf lange Sicht Gehirnzellen – und man daher zum eigenen Schutz besser „therapeutisch", nämlich freundlich-geduldig reagieren sollte, etwa mit einem „bestätigenden" Satz wie „Ich verstehe – so siehst Du das…" und dann verlangsamend, deeskalierend „Darüber muss ich nachdenken …" und „Das ist mir wichtig, reden wir in … Tagen darüber". Hier sind vor allem die Frauen, aber auch Männer gefährdet, die schon in ihrer Kindheit als Sündenbock oder Sündenziege herhalten mussten, wenn ein aggressiver Elternteil jemanden gebraucht hat, um seine Wut auslassen zu können, und nun glauben (oder auch in Beratung oder Therapie gehört haben), sich endlich wehren zu sollen.

Da liegt dann Wachstumsbedarf vor: Auch wenn manfrau zuerst Kindheitsschmerzen in sich aufsteigen fühlt und sich wehren will, um diese zum Verschwinden zu bringen – der bessere, richtige Weg besteht darin, sich aufzurichten, Überblick einzunehmen, Situation zu erkennen, Kampf zu vermeiden, in schützende Distanz zu gehen (räumlich, aber Zeitschinden gehört auch dazu!).

Laotse wusste: „Auf der ganzen Welt gibt es nichts Weicheres und Schwächeres als das Wasser. Und doch in der Art, wie es dem Harten zusetzt, kommt nichts ihm gleich.", und er folgerte daraus: „Dass Schwaches das Starke besiegt und Weiches das Harte besiegt, weiß jedermann auf Erden, aber niemand mag danach zu handeln."[167] Diesem Pessimismus folge ich nicht: Es liegt an unseren Persönlichkeitsstrukturen und folglich Werthaltungen und Willensentscheidungen, ob wir kämpfen (und siegen) wollen oder ob wir nach anderen Möglichkeiten des Umgangs auch im Konfliktfall miteinander wie auch mit uns selbst umgehen wollen. (Dass Vorhaben manchmal nicht gelingen, lässt sich nicht vermeiden, sollte aber immer Anlass sein, die Fehlerquellen aufzuspüren. Meist liegen die in der Kommunikation.)

▶ *Seite 63* Kommunikation findet immer in einem „sozialen Rahmen" statt. Wenn ich in Ausbildungsseminaren Framen & Reframen erklären will, zeichne ich zwei gleiche Bilder auf die Flipchart und verpasse dem ersten einen schmalen Rahmen und dem zweiten einen breiten, protzig verzierten, um zu verdeutlichen, wie passend die Bezeichnung für diese Form von „Metapolitik" ist: Sie bewirkt, dass man in der unbewussten Wahrnehmung (Lesen und Zuhören aber auch Sehen, immerhin sagt ein Bild bekanntlich mehr als tausend Worte) bestimmte Werthaltungen, Vorurteile oder Propaganda mit aufnimmt.

Die Bedeutung eines Vorgangs ergibt sich immer aus dem Zusammenhang: Von dem französischen Mathematiker und Religionsphilosophen Blaise Pascal (1623–1662) stammt der berühmte Ausspruch, was diesseits der Pyrenäen Wahrheit ist, sei jenseits Irrtum. Aktuell zu den Seenot-Rettungen könnte man den Sinn umformulieren in: Was dem einen Heldentat bedeutet, ist für einen anderen Verbrechen. Bandler und Grinder, die „Väter" des NLP, schreiben: „Wenn es gelingt, die *Bedeutung* eines Erlebnisses für jemanden zu verändern, dann wird sich auch seine Reaktion verändern. [–] Manche Leute nennen das auch ‚neu definieren' oder ‚umetikettieren'. Wie auch immer man es nennen mag, man bindet lediglich eine neue Reaktion an eine sensorische Erfahrung. Den Inhalt lässt man, wie er ist, und gibt ihm eine neue Bedeutung …"[168] (Hervorhebung im Original.) Ein passendes Beispiel fand ich beim Überarbeiten dieses Manuskripts in einem aktuellen profil-Interview mit dem heftig umstrittenen Ex-Innenminister Herbert Kickl (FPÖ): Auf die Frage Gernot Bauers, „Sind Sie der Bösewicht der Innenpolitik?" antwortet Kickl: „Was die ÖVP in meiner Ministerzeit böse nennt, nenne ich standhaft und konsequent."[169] Das ist gut eintrainiertes NLP!

Es lohnt sich, übernommene Bewertungen aus Kindheit und anderen Konkurrenzsituationen kritisch zu überprüfen und durch neue, den Selbstwert stärkende Zuschreibungsworte zu ersetzen. Danach rate ich, sich dieses neue Eigenschafts- oder Tätigkeitswort mit „Ich bin …" vorzusagen und dabei auf körperliche Veränderungen (Atmung! Haltung!) zu achten.

Mir wurde schon in meiner Kindheit von den Geschwistern meiner Eltern vorgehalten, dass ich (angeblich) immer „das Negative suche". Das war natürlich nicht wahr – eine Sechsjährige tut so etwas nicht, die hat andere Interessen, vor allem keine diesbezüglichen Kenntnisse – aber ich habe von beiden Eltern eine Begabung geerbt: Ich erkenne blitzartig, was nicht stimmt und verbessert gehört und weiß auch gleich, wie. Das ist in meinem Beruf ein großer Vorteil. Der Nachteil ist, dass ich echt leide, wenn irgendwo – in einem Hotel oder Gasthaus etwa – Bilder zu hoch oder zu niedrig aufgehängt sind oder sonst irgendwie meine ästhetische Harmonie gestört ist, nur sage ich das heute als Erwachsene nicht mehr laut. (Mein Vater, Deutsch-Englisch-Professor, warf bloß einen ersten Blick auf die zu korrigierenden Hausaufgaben und ruck zuck zeichnete er die Fehler an – sie sprangen ihm quasi entgegen. Dann erst las der die Texte und fand nur selten noch etwas Falsches. Meine Mutter wiederum, nicht nur Pädagogin, sondern auch ausgebildete Pianistin, hatte ein absolutes Gehör. Heute sage ich meist präventiv: „Ich bin bekanntlich sehr kritisch", um mir in weiterer Folge Vorwürfe wie die seinerzeitigen der beleidigten Verwandtschaft zu ersparen.

▶ Seite 73 Eine große Herausforderung besteht ja darin, andere ihr Gesicht wahren zu lassen anstatt ihnen „die Maske vom Gesicht zu reißen", wenn man erkennt, dass sie unredlich, vielleicht sogar kriminell handeln. Auch hier hilft wieder tief durchatmen und sich aufrichten, um die aufsteigende Kampfenergie im ganzen Körper zu verteilen (statt in Stimme oder Extremitäten zu kanalisieren), vor allem Richtung Denkapparat, denn emotional kann man schwerer vernünftig denken. Was diejenigen meditationsunerfahrenen Vertreter*innen der neumodischen Wut-Propaganda nämlich nicht wissen: Wenn man die noch unbedachte

Kampfenergie zur Veränderung mit Hilfe des Atems den ganzen Körper erfüllen lässt, wird aus Wut und Zorn Kraft und Stärke.

In der Psychotherapie wie auch Mediation – und privat sowieso – wird man ja oft belogen, und wenn man in seinem Beruf Routine erworben hat, spürt man das auch intuitiv (und kann es zeitaufwändig auch an Hand von körpersprachlichen Signalen überprüfen). Ich „reframe" („verrücke") mir innerlich dann die vermutliche Lüge dahingehend, dass mein*e Gesprächspartner*in eben „möchte, dass ich die Dinge so sehe", wie sie mir geschildert werden. Dann kann ich antworten, „Das nehme ich einmal so zur Kenntnis", was nicht besagt, dass ich es auch glaube. Oder ich sage, „Lassen wir das mal so stehen – wir können es uns ja später noch genauer vornehmen (ansehen etc.)." Oder ich sage beiläufig: „Das möchte ich Ihnen schon gerne glauben" (und „möchte" besagt nicht, dass ich es wirklich tue). Damit schaffe ich Raum für allfällige spätere Korrekturen und kann wertschätzend bleiben: es gibt ja auch Irrtümer, Abwehrhaltungen (im psychoanalytischen Sinn) „false memory" oder auch einfach – Angst. Außerdem bleibt dann mehr Zeit, um die passenden Worte (und Gefühlslagen!) zu finden.

▸ *Seite 77* Von dem Wiener Philosophen Ludwig Wittgenstein (1889–1951) stammt der berühmte Satz „Wovon man nicht sprechen kann, darüber muss man schweigen." Ich stimme ihm zu, wenn er vorher schreibt, man müsse die Sätze überwinden, um die Welt richtig zu sehen.[170] Wo man aber keine passenden präzisen Worte findet, plädiere ich dafür, Umschreibungen zu suchen, Gleichnisse oder Metaphern.

Sprache hat ja nicht nur einen Inhaltsaspekt, sondern auch einen emotionalen und sozialen. Darauf gründet ja das zitierte

Du-Ich-Bitte-Modell (dessen Ursprünge man in den Schriften von u. a. Karl Bühler und Paul Watzlawick nachlesen kann[171]). Mit Gleichnissen wie der von mir kreierten Baum-Metapher (s. Seite 77) oder der von Alice im Wunderland (s. Seite 134) wird ja nicht nur ein geistiges Bild angeregt, sondern gleichzeitig vermittelt die Stimme des Sprechenden seine Einstellung (und auch seinen Ich-Zustand entsprechend der transaktionsanalytischen Entschlüsselung).

Ich erinnere mich an einen Diskurs über Liebe, in dessen Verlauf mein Gesprächspartner darauf bestand, dass man Liebe nicht in Worten ausdrücken könne. Ich hingegen versuchte ihm zu erklären, dass ja im Sprechen spürbar wäre, ob jemand im Zustand des Liebens sei oder nicht. Weil er es offenbar nicht konnte (oder wollte), heißt das ja nicht, dass es andere nicht können.

Die US-amerikanische Tanzpädagogin und Schamanin Gabrielle Roth (1941–2011) schreibt: „Wir können nicht lieben, wenn wir uns weigern, unsere Angst vor all den Gefühlen zuzulassen, die wir im Herzen unterdrücken."[172] Angst – Herzenge – und Liebe – Herzweite sind Gegenpole, die man aber bewusst „in die Mitte" bringen kann. Märchen – die Psychologielehrbücher aus vor-schriftlicher Zeit – geben mit dem Motiv des „versteinerten Prinzen" oder „Eisprinzessinnen" Hinweise zur Erlösung durch „Herzerweichung".

Auch in der Hypnotherapie nach Milton Erickson sind „Erzählungen" eine vielgeübte gezielte „Technik" zwecks „nondirektiver" Anregung zur Bildung neuer Sichtweisen, d. h. Nervenzellen. Damit wird „direktives" (befehlsartiges) Einreden auf Klient*innen vermieden und stattdessen darauf vertraut, dass der innewohnende

Sinn schon erkannt wird – in der dazu nötigen Zeit. Denn oft liegt es an deren Anspannung (Selbstkontrolle), dass sie gar nicht aufmerksam sein können, weil sie sich in Konzentration „verengen" statt sich neuen Erfahrungen (Veränderungen) zu „öffnen".

Meist sind es Männer, die ungeduldig („direktiv") bellen: „Red' nicht herum!" und „Komm endlich zum Kern der Sache!", wenn andere Menschen (meist Frauen) nach den passenden Worten suchen. Sie können bzw. wollen ihr Tempo gegenüber bedächtigeren Menschen durchsetzen, demonstrieren damit aber nur Unhöflichkeit bis Missachtung und schaffen Stress – besonders arg, wenn so etwas bei einer Prüfung oder einem Konfliktgespräch geschieht, vor allem aber bei ärztlichen Untersuchungen, weil all dies meist ohnedies viel Stress verursacht. Es liegt an der Dosierung der Intensität der eigenen Energie, ob man jemand liebevoll erwärmt (oder gar entflammt) oder versengt oder verbrennt.

▸ *Seite 78* Das Schlagwort vom Energiesparen wird üblicherweise nur auf den Stromverbrauch angewendet. Ich empfehle es auch als Grundhaltung für den eigenen bioenergetischen Aufwand.

Mit dem psychoanalytischen Grundsatz „Reflektieren, nicht agieren" soll angeregt werden, auf schnelles Verwirklichen von Gefühlsimpulsen oder Phantasien (wie auch den gewohnten „Anregungen" der „Kopfbewohner") zu verzichten. Wenn man sich in eine psychoanalytische Therapie begibt, wird üblicherweise im Erstgespräch schon darauf hingewiesen, dass man in der Folgezeit lebensverändernde Pläne unbedingt in der Therapie besprechen und nicht in die Tat umsetzen soll – auch um zu lernen, Energie bei sich behalten. Viele unangenehme Gefühle entstehen dadurch, dass man im Nachhinein erkennt, dass man voreilig „nicht ganz bei sich" bzw. „außer sich" war.

Ich erinnere mich da an einen Mann, der in seiner Therapie darauf gekommen war, dass er sich immer nach vollbusigen Frauen gesehnt hatte. Seine Ehefrau war keine. Also ließ er sich flugs scheiden, „um sich endlich selbst zu verwirklichen" und heiratete eine Frau, die seinem Idealbild – Betonung auf „Bild" – entsprach. In der Ehe erkannte er aber, dass seine Busenanbetung auch das Einzige war, was sie beide verband, also ließ er sich wieder scheiden und wollte zur ersten Frau zurück – aber die hatte sich bereits vollständig von ihm gelöst.

Wieder ist es das Aufrichten und tief ins Herz hinabzuatmen, was hilft, Energie bei sich zu behalten. David Boadella erklärt dazu: „Der Schüler soll lernen, frei, voll und tief zu atmen, aber nicht zu voll und nicht zu tief. Übertreibt er es, entstehen Schwindelgefühle und Unbehagen. Es geht darum, zu lernen, sowohl mit dem Zwerchfell als auch den Rippen zu atmen. Bei dieser Atmung bewegt sich der obere Teil der Bauchdecke, und die Bewegung ist nicht nur auf die Brust beschränkt. Um das zu erreichen, ist es nützlich, beim Einatmen erst den oberen Teil der Brust zu füllen, dann den unteren, danach erst von unten auszuatmen und den oberen Teil der Brust zuletzt zu leeren. Allmählich sollte man sich daran als die normale Art zu atmen gewöhnen."[173]

Lernen heißt in meinem Sprachgebrauch, neue Nervenzellen zu entwickeln. Üblicherweise lernt man entweder unbewusst oder bewusst durch Nachahmung (gut zu beobachten bei etwa drei- bis vierjährigen Kindern) oder durch Anleitung (die hoffentlich auch vorgemacht wird und nicht nur anbefohlen), und je intelligenter jemand ist, desto eher kann er oder sie aus analogem (vergleichenden) Denken Neues entwickeln, egal ob das dann ein Kuchenrezept ist, eine neue Maschine, eine Symphonie oder eine Wissenschaftstheorie.

Wenn man weiß, wie Gefühle und Gedanken „gemacht" werden, kann man auch „neue" Gefühle oder Gedanken „erfinden". (Deswegen formuliere ich in Hinblick auf Salutogenese: alternatives Verhalten finden oder erfinden.) Man ist dann zwar vermutlich nicht der allererste „Pioniergeist" auf der ganzen Welt, aber doch in der eigenen kleinen.

> *Als ich diese Form von „Konstruktivismus" einmal in einem Seminar für die Verwaltungsakademie des Bundes propagierte, protestierte eine Teilnehmerin: „Aber das ist doch berechnend!", und ich antwortete: „Ich halte es für keinen Fehler, wenn man rechnen kann." Ich meine, es lohnt sich allemal, seine Gefühle und Gedanken (denn letztere hinken meist den ersteren nach, weil doch die meisten Menschen im Inneren Dialog, d. h. in Sprache „vernünftig" denken).*

▶ *Seite 92* Der Fake-Vorwurf gilt heute, wo viele auf spontane Authentizität großen Wert legen, als Infragestellung von aufrechtem Charakter und persönlicher Ethik. Dabei gibt es, wie schon gesagt, keinen Lernprozess ohne Imitation von Vorbildern – und wenn es nur das Nachahmen von Erfindergeist (Daniel Düsentrieb) oder sozialer Kreativität (Wicki und die starken Männer) oder Humor (Pippi Langstrumpf) ist. Wir alle spielen „Rollen" (im soziologischen Sinn), und die bekommt man (von den Bezugspersonen als quasi Regisseuren) zugeteilt oder „schaut" sie sich „ab".

Manche Menschen kommen von selbst darauf, wie man zu „Gefühlen" kommt. Paul Ekman zitiert dazu aus der Novelle „The purloined letter" („Der entwendete Brief") von Edgar Allan Poe (1809–1849). Dort berichtet der Meisterdetektiv Dupin, wie er über Identifikation in die Gedankenwelt anderer eintritt: „When

I wish to find out how wise, or how stupid, or how good, or how wicked is any one, or what are his thoughts at the moment, I fashion the expression of my face, as accurately as possible, in accordance with the expression of his, and then wait to see what thoughts or sentiments arise in my mind or heart, as if to match or correspond with the expression."[174] Sensiblen Menschen „passiert" das automatisch – für andere gibt es im NLP den gleichen Ansatz als Trainingsaufgabe zwecks „Einfühlung".

200 Jahre nach dem Arzt und Erfinder des „Animalischen Magnetismus" Franz Anton Mesmer (1734–1815)[175], 170 Jahre nach Edgar Allan Poe, 80 Jahre nach dem russischen Theaterreformer Konstantin Sergejewitsch Stanislawski (1863–1938), 60 Jahre nach den bioenergetischen und 30 Jahre nach den ersten NLP-Schriften summiert die Schweizer Psychologin Maja Storch unter dem Neologismus „Embodiment" (Verkörperung) einige dieser alten Erkenntnisse als Zugang zum Selbstmanagement. Ihr geht es nicht um die „muskuläre Aufsetzung" von Mimik oder Gestik wie in sogenannten Körpersprache-Seminaren, sondern um die bewusste Gestaltung des Selbstausdrucks.[176] Sie schreibt: „Die ökonomischere Variante der Zielverfolgung für das Gehirn besteht in der Formulierung von Annäherungszielen. Sie fassen das in Worte, das Sie ausführen wollen. In welcher Verfassung wollen Sie denn sein?"[177] In meiner Sprache: Man formuliere für sich die passende Autosuggestion. Storch weiter: „Wenn Sie Ihr individuelles Annäherungsziel gefunden haben, dann wissen Sie, dass Sie ruhig und erhaben stehen wollen, wie eine alte Eiche. Oder dass Sie den Überblick haben möchten, wie ein Mensch, der auf einem Leuchtturm steht und über das brausende Meer blickt. Oder dass Sie souverän auftreten wollen, wie eine Königin.[178] Vielleicht möchten Sie aber gut gepanzert sein wie eine

Schildkröte? Oder ist für die Situation die persönlich stresst, eine dicke Elefantenhaut die bessere Wahl?"[179] Auffallend ist dabei, dass sie auch die Intuition über die geistigen Bilder integriert, wie es bei Wild-Missong wesentlichster Teil ihrer Form von Focusing ist und ebenso die Körpersuggestionen der Bioenergetischen und Psychodramatischen Psychotherapien (wobei sie zumindest letztere als Quelle angibt).

Kritisch wie ich bin, weise ich aber darauf hin, dass auch diese sich aufdrängenden (oder angeratenen) Bilder auf ihre Salutogenese überprüft werden sollten: Statt dem Panzer einer trägen Schildkröte würde ich die ausweichende Flexibilität im Aikido bevorzugen, und auch die dicke Haut finde ich nicht so erstrebenswert, weil sie die Fühlfähigkeit vermindert und damit auch das Mitgefühl.

Dazu fällt mir die spätere Zentralsekretärin der Gewerkschaft der Privatangestellten, die Psychologin Dwora Stein (* 1954), ein, bei der ich in meiner Zeit als Kommunalpolitikerin einmal ein Seminar besuchte, als sie noch für das Berufsförderungsinstitut arbeitete. Zum Abschluss sagte sie zu mir, sie wünsche mir für meine Zukunft „eine dünne Haut und eine starkes Herz", und ihr Wunsch ging ja auch in Erfüllung.

Wünsche sind eines – die darf man auch haben und sie dürfen auch wagemutig sein –, aber Erwartungen sind etwas anderes, und die sollten realistisch sein. Diese Differenzierung hilft, Enttäuschungen klein zu halten.

Heute wird infolge des Glaubens, Menschen könnten sich unbegrenzt an das Tempo elektronischer Kommunikationsmaschinen anpassen, ein laufend beschleunigtes Arbeitstempo verlangt.

Gleichzeitig wird durch die Verkürzung ganzer Jahrhundertgeschichten auf ca. 90 Minuten in Film und Fernsehen „Kinozeit" als normale Lebenszeit verstanden und nachgelebt, und damit der Seelenzustand des gehetzten „Boys" (der beflissen seinem „Master" dienen soll – von Frauen wurde das ohnedies jahrhundertelang verlangt) als unveränderbar akzeptiert. Ich benutze hier bewusst den Begriff Glaube, denn zunehmend bekommen elektronische Geräte Gott-Status: Man traut der „Künstlichen Intelligenz" allumfassende Lösungskompetenzen zu – und wenn nicht heute, dann morgen oder übermorgen – und erwartet, dass der Mensch sich anpasst. Das wird er auch, aber um den Preis, keine Zeit mehr zum Nachdenken, vor allem aber Nachfühlen zugestanden zu bekommen.

So wie sich Sänger*innen „einsingen", Sportler*innen „aufwärmen", und Pfarrer*innen sich sogar mehrere Tage vorher auf Gottesdienst vorbereiten, sollten alle, bevor sie ihr Tagewerk oder Beziehungsaufnahme zu anderen beginnen, kurz in sich gehen und sich darauf ausrichten, was ihr Ziel ist und welchen Störungen sie wie friedfertig begegnen möchten. Jeder Schritt bedeutet eine Veränderung – selbst auf einem geradlinigen Weg. „Man kann nicht zweimal in den gleichen Fluss steigen, denn andere Wasser fließen nach", betonte Heraklit (ca.540–480 v. Chr.). Ebenso verändert sich der Mensch, und es liegt an ihm, ob er oder sie es nur fließen lässt oder bewusst die Veränderungen steuert – soweit das eben möglich ist.

Sebastian Haffner zitiert Stendhal, der schrieb, es gäbe nur eines, das letztlich wert sei, Aufmerksamkeit und Mühe darauf zu verwenden: „das Ich heilig und rein zu erhalten", was bedeute, sich nicht nur von jeder Mittäterschaft frei zu halten, sondern auch von jeder Verheerung durch den Schmerz und jeder Entstellung durch den Hass – von jeder Einwirkung kurzweg, von jeder Reaktion, von jeder Berührung, selbst der, die im Zurückstoßen besteht.[180]

Wenn man sich aufrichtet und an sich hinunterblickt, sieht man eher, wo man sich schmutzig gemacht hat, als wenn man kniet, lümmelt oder sich beugt. Das meine ich nicht nur körperlich, sondern auch geistig. Es ist keine Schande, sich schmutzig zu machen – manchmal ist es ja sogar notwendig (z. B. wenn man jemand aus dem Sumpf ziehen will) – die Schande beginnt dort, wo man sich nicht reinigen (lassen) will und andere mit diesem Unflat belästigt.

Gabrielle Roth erinnert uns: „Du bist ein *Alchemist*. Du kannst deine Schmerzen in Kunst verwandeln, Negativität in Kreativität, Wut in Mitgefühl. Denk daran: Man braucht Abfall, um Kompost zu machen."[181]

Zum Abschluss noch einmal Alexander Lowen: „Es gibt einen Veränderungsprozess, der von innen her stattfindet und keiner bewussten Anstrengung bedarf. Man nennt ihn Wachstum, und er fördert das Sein. Es ist nicht etwas, das man tun kann, und es ist daher auch keine Funktion des Ichs, sondern eine Funktion des Körpers."[182]

Dazu reicht es oft, wenn man den Körper ins rechte Lot bringt.

9. Anmerkungen

1 Grundsätzliches dazu in Rotraud A. Perner, Hand Herz Hirn. Zur Salutogenese mentaler Gesundheit (2011). edition roesner, Mödling 2014.
2 Unter „double bind" versteht man widersprüchliche Aufforderungen, wie sie oft von Eltern oder anderen Bezugspersonen (Vorgesetzten, Partnerpersonen) unbedacht von sich gegeben werden. Bei unkritischer und unhinterfragter Befolgung führen sie zu Verwirrung und können hypothetisch auf die Dauer schwerwiegende psychische Störungen auslösen.
3 I. Stewart / V. Joines, S. 118.
4 Im bisherigen Lebensrückblick ist mir aufgefallen, dass ich alle sieben Jahre einen neuen Beruf dazugelernt und dementsprechend meinen Lebensschwerpunkt – da mehr, dort weniger – verändert habe.
5 H. Hass, S. 9.
6 Unter der Nummer 9582 gesammelt von Joseph Karl Simrock (1802–1876) in „Die deutschen Volksbücher", 5. Band, Verlag Heinrich Ludwig Brönner, Frankfurt/Main 1846.
7 Den zum Modewort angewachsenen Begriff „Bashing" kann man als „an den Pranger stellen", also mehr als nur heftige Kritik, erklären. Die Möglichkeit, unter Verwendung eines Falschnamens wildfremde Menschen aufs Gröbste zu beschimpfen, hat sich aber nicht nur in manchen sozialen Medien verbreitet, sondern dient auch in Zeitungen und anderen Medien angeblich zum schnelleren und zeitnahen Austausch mit der Leserschaft; dass dabei Menschen mit problematischen Charaktereigenschaften eingeladen werden, alle Hemmungen abzulegen – weil ja die Verantwortung für die

Veröffentlichung auf den Betreiber des Forum abgewälzt wird –, sehe ich als juristisch dringend klärungsbedürftig.
8 „Resilienz" (vom lateinischen *resilire*, abprallen, zurückspringen – so wie ein Gummiband nach Beanspruchung wieder in seine ursprüngliche Form zurückkehrt) bedeutet das Vermögen, krisenhaftes Geschehen ohne andauernde psychische Beeinträchtigung zur persönlichen Weiterentwicklung zu nutzen.
9 S. Freud, Studienausgabe VI, S. 290.
10 D. Boadella, S. 40.
11 A. a. O., S. 41.
12 Vgl. Bruce H. Lipton, „Intelligente Zellen. Wie Erfahrungen unsere Gene steuern". KOHA-Verlag, Burgrain, 2009.
13 B. Handler, S. 146.
14 C. Eliacheff, S. 22 ff.
15 N. Elias / J. L. Scotson, S. 24.
16 R. A. Perner, Madonna UND Hure, S. 6.
17 A. Droste-Hülshoff, S. 374 ff.
18 A. Miller, S. 139.
19 H. E. Richter, S. 186.
20 Z. B. Tillmann Moser, „Dabei war ich doch sein liebstes Kind. Eine Psychotherapie mit der Tochter eines SS-Mannes". Kösel-Verlag, München 1997, sowie: „Dämonische Figuren. Die Wiederkehr des Dritten Reiches in der Psychotherapie". (1996) Suhrkamp Verlag, Frankfurt/Main 2001. Bettina Alberti, „Seelische Trümmer. Geboren in den 50er und 60er Jahren: Die Nachkriegsgeneration im Schatten des Kriegstraumas". Kösel-Verlag, München 2010.
21 G. Tidl, S. 73.
22 Gekürzt und popularisiert als Buch erschienen unter dem Titel „Sexuelle Reformation – Freiheit und Verantwortung".
23 R. A. Perner, Sexuelle Reformation", S. 34.

24 Vgl. Umberto Eco, „Quasi dasselbe mit anderen Worten. Über das Übersetzen". dtv, München 2009.
25 Vgl. Montesquieu (1689–1755): „Wenn Dreiecke einen Gott hätten, würden sie ihn mit drei Ecken ausstatten." https://www,aphorismen.de/zitat/6375.
26 Kurier, 12. Juni 2019, S. 7.
27 F. Alberoni, Erotik, S. 16 ff.
28 Peter Paul Rubens (1577–1640) war ein flämischer Barockmaler und Diplomat, der vor allem durch seine Darstellung üppiger Frauen den Begriff der „Rubens-Figur" angeregt hat. „Twiggy" (bürgerlich: Leslie Hornby, *1949) wurde 1965 als überschlankes Model berühmt, weil sie einen extremen Kontrast zu den damals „führenden" Filmstarfiguren (Marilyn Monroe, Gina Lollobrigida, Sophia Loren) verkörperte.
29 Strafrechtstatbestand „Freiheitsentziehung" § 99 StGB: (1) Wer einen anderen widerrechtlich gefangen hält oder ihm auf andere Weise die persönliche Freiheit entzieht, ist mit Freiheitsstrafe bis zu drei Jahren zu bestrafen. (2) Wer die Freiheitsentziehung länger als einen Monat aufrechterhält oder sie auf solche Weise, dass sie dem Festgehaltenen besondere Qualen bereitet, oder unter solchen Umständen, dass sie für ihn mit besonders schweren Nachteilen verbunden ist, ist mit Freiheitsstrafen von einem bis zu zehn Jahren zu bestrafen.
30 N. M. Henley, S. 38.
31 A. a. O., S. 155 f.
32 S. Kapitel „Wachsen in Schritten".
33 Zitiert nach Steve de Shazer, „… Worte waren ursprünglich Zauber. Lösungsorientierte Therapie in Theorie und Praxis". Verlag modernes lernen, Dortmund 1996, S. 19.
34 Johann Wolfgang Goethe, „Zahme Xenien". In: Goethes Werke, Band II, Büchergilde Gutenberg, Wien 1951, S. 965.

35 Zitat H. E. Richter, a. a. O., S. 24.
36 In: „Jahrbuch für Marginalistik I", herausgegeben von Walter Hömberg und Eckart Klaus Roloff, LIT Verlag, Münster Hamburg London 2000, S. 214.
37 A. a. O., S. 218 f.
38 Diese Formulierung habe ich mir von dem jahrelang führenden deutschen Sexualwissenschaftler Volkmar Sigusch (* 1940) abgeschaut.
39 In einem Club II (noch in der Originalfassung) zum Thema Benehmen saß einmal der Wiener Underground-Literat Joe Berger (1939–1991) der Grande Dame des Opernballs, Lotte Tobisch-Labotyn (* 1926), gegenüber und begann genüsslich in der Nase zu bohren. Die ehemalige Burgschauspielerin sah ihn aber nur freundlich-distanziert an und sagte höflich: „Bitte nehmen Sie Ihren Finger aus der Nase!"
40 Vgl. R. A. Perner (Hg.), „Mut zum Unterricht", aaptos Verlag, Matzen 2008. Und R. A. Perner (Hg.), „Feindbild Lehrer?", aaptos Verlag, Matzen 2009.
41 Hochdeutsch: Schau Schätzchen, tu dir da nichts an – du hast halt geglaubt, du bist so schlau – aber Schätzchen, Gott sei Lob und Dank, so schlau wie du bin ich noch lang …
42 Vgl. Annette Bolz, „Sex im Gehirn. Neurophysiologische Prozesse in der Sexualität". Verlag Bruno Martin, Südergellersen 1992, S. 75 ff.
43 Zitiert nach Steve de Shazer, S. 30.
44 „Proxemik" vom lateinischen *proximus*, der Nächste, entschlüsselt die nonverbalen Botschaften, die sich aus dem Raumverhalten ergeben. Ein Klassiker dazu ist das Buch „Körpersprache & Kommunikation" des britischen Sozialpsychologieprofessors Michael Argyle (1925–2002), Junfermann Verlag, Paderborn 1979 (besonders die Seiten 281–301).

45 Vgl. Phyllis Chesler, „Frauen – das verrückte Geschlecht?", Rowohlt, Reinbek bei Hamburg 1974.
46 R. Burgard, S. 32.
47 A.a.O., S. 10.
48 R. A. Perner, „Freiheit – Gleichheit – Menschlichkeit", S. 73 f. (Das Eichenbaum- / Orbach-Zitat stammt aus deren Buch „Was wollen die Frauen?", Rowohlt Taschenbuch Verlag, Reinbek bei Hamburg 1986/ 88[34.–39. Tausend].
49 Die Begriffsbildung von „geschlossenen" Systemen stammt von dem kanadischen Soziologieprofessor Erving Goffman (1922–1982), der in seinem Buch „Asyle. Über die soziale Situation psychiatrischer Patienten und anderer Insassen" (edition suhrkamp, Frankfurt/Main 1972) einen neuen Blickwinkel darauf einführte, ob spezialisierte Berufe bei ihrer Arbeit „dem Publikum begegnet" oder nur seinem „festen Mitgliederkreis seiner Arbeitsorganisation" (S. 307). Diese Unterscheidung wurde später auch auf Familien angewendet, die sich der sozialen Kontrolle zu entziehen suchen.
50 L. Mecacci, S. 32 ff.
51 A. a. O., S. 34 f.
52 https://derstandard.at/2763308/Verwahrloste-Kinder-Maria-in-der-Kiste-hungernde-Babys-unterernaehrte-Jugendliche .
53 Genevieve Painter, „Baby-Schule. Programmiertes Intelligenztraining für Kleinkinder", Bertelsmann Ratgeberverlag, München 1972.
54 H. Marcuse, S. 35.
55 Z. B. „Vorurteil – Geißel der Menschheit", Herder, Wien 1975. „Schöpferisch erleben". Böhlau, Wien 1992. „Versagen ohne Ende? Kreativität, Bildung und Gesellschaft in globaler Sicht". Böhlau, Wien 2000. „Umdenken. Betrachtungen über Gesellschaft und Selbsterkenntnis", Böhlau, Wien 2001.

56 Unter Bioenergetik versteht man auf den altösterreichisch-amerikanischen Psychoanalytiker Wilhelm Reich zurückgehende, von – alphabetisch gereiht – David Boadella, Gerda Boyesen, Stanley Kelemen, Ron Kurtz, Alexander Lowen, John Pierrakos und anderen weiterentwickelte körpertherapeutisch ausgerichtete Psychotherapieschulen, in denen über Atemanleitung, Anregung bestimmter Körperhaltungen und Druck auf gewisse Körperstellen Emotionen freigesetzt und verbal im Sinne des Freud'schen Grundsatz „Erinnern – wiederholen – durcharbeiten" aufgearbeitet werden.

57 Der kleine Stowasser. Lateinisch-deutsches Schulwörterbuch, Hölder-Pichler-Tempsky, Wien 1952, S. 285.

58 E. Canetti, S. 442 f.

59 https://www.youtube.com/watch?v=G7_GZ33eCay.

60 A. a. O., S. 444.

61 D. Rudhyar, S. 37.

62 Vgl. R. A. Perner, „Lieben! Für Anfänger, Fortgeschrittene und Meister", ORAC, Wien 2018.

63 S. Kapitel „Wachsen in Schritten", S. 145.

64 R. M. Rilke, Das Stundenbuch, S. 34.

65 Vgl. Ronald D. Laing, Knoten, Rowohlt Taschenbuch Verlag, Reinbek bei Hamburg 1972/ 1984[46.-49. Tausend], in dem der bekannte britische Psychiater (1927–1989) mit knappen Muster-Dialogen demonstriert, wie Beziehungen zerstört werden.

66 Mehr dazu im Kapitel „Wachstum in Schritten".

67 Als ich 2017 wohlbegründet und 10 Tage bevor ich für die 50-jährige Mitgliedschaft ein Ehrenzeichen bekommen hätte – aus meiner Partei austrat und dies ohne mein Zutun medial publiziert wurde, schrieb derselbe Kollege Leserbriefe in zwei Qualitätszeitungen – offensichtlich als seine Eigen-PR –, in denen er sich im betonten

Gegensatz zu mir berühmte, sich nie parteipolitisch engagiert zu haben. Ich wusste, dass er in den 1990er Jahren sehr wohl bei den Grünen in Vorarlberg engagiert gewesen war, suchte im Internet nach und fand amüsiert noch weitere Beweise für sein Anstreben einer Politkarriere.

68 Daher stammt auch die Motivation zu meinen beiden Büchern „Königin! Über weibliche Kraft", Kösel Verlag, München 2009 sowie die Neubearbeitung des Themas „Prinzesschen, Kämpferin … Königin! Weibliche Kraft in allen Lebensphasen", edition roesner, Krems 2019.
69 S. Kapitel „Wachsen in Schritten", S. 145.
70 C. R. Rogers, „Der neue Mensch", S. 69. Die erwähnten Forschungsergebnisse zitiert er auf den Seiten 70 bis 84.
71 C. Rogers, a. a. O., S. 70.
72 https://www.gewaltinfo.at/betroffene/kinder/gesetzliches-gewaltverbot.php.
73 C. Rogers, a. a. O., S. 82.
74 A. a. O., S. 82.
75 E. Gendlin, S. 66.
76 A. a. O., S. 63
77 Vgl. Jolande Jacobi, S. 20 ff.
78 H. Wiesner, S. 83.
79 A. a. O., S. 85.
80 A. a. O., S. 86 f.
81 Aus „Gesang zwischen den Stühlen". In: Erich Kästner, Gesammelte Schriften, Band I, Gedichte. Volksbuchverlag, Wien, o. A., S. 223.
82 S. Kapitel „Wachsen in Schritten", S. 145.
83 https://www.tt.com/sport/wintersport/15096759/nicola-werdenigg-die-daemme-sind-laengst-aufgerissen. https://www.tt.com/sport/

wintersport/14936414/nicola-werdenigg-im-tt-interview-nur-die-spitze-des-eisbergs.

84 https://wienerzeitung.at/nachrichten/kultur/mehr-kultur/979005-Kuenstlerinnen-erheben-Vorwuerfe-gegen-Gustav-Kuhn.html. https://www.tt.com/kultur/15840096/causa-erl-gleichbehandlungskommission-bestatigt-vorwuerfe-gegen-kuhn.

85 Salzburger Nachrichten, 10. Oktober 2018, S. 4; Der Standard, 10. Oktober 2018, S. 7. Der beschuldigte „Bierwirt" fordert hingegen einen Teil dieser Spenden, weil er seinen Angaben nach Kunden und Lieferanten verloren hätte. Kurier, 6. Februar 2019, S. 19.

86 Mehr dazu in R. A. Perner (Hg.), Tabuthema kindliche Erotik. LIT Verlag, Münster 2015.

87 https://www.derstandard.at/story/2000094250518/ludwig-aeusserst-pcripherer-bezug-zum-megaprojekt-spital-nord (abgerufen am 17. 7. 2019). Dieser Unternehmensberater hat übrigens auf seiner Homepage als sein Motto angeben: „Das Leben ist ein einfaches Spiel, wenn man die Regeln kennt": http://christophfasching.at (abgerufen am 17. 7. 2019).

88 R. B. Cialdini, S. 189.

89 A. a. O., S. 157 ff.

90 E. Noelle-Neumann, S. 40.

91 A. s. Labuhn, s.1.

92 A. a. O., S. 67.

93 A. a. O., S. 71 ff.

94 Auch wenn manche über solche „Stehsätze" spotten (wie unlängst eine Psychiaterin über andere „Psycho-Berufe"), finde ich sie hilfreich, besonders in Stress-Situationen.

95 Vgl. M. Benesch, „Psychologie des Dialogs".

96 Vgl. P. Schütz u. a., „NLPt".

97 E. Wehling, S. 54.

98 A. a. O., S. 110.
99 R. M. Rilke, s. o., S. 34.
100 Vgl. R. A. Perner, „Lieben!", S 41 f., 52 f.
101 P. Schütz u. a., NLPt, S,. 128 f.
102 Mehr dazu im Kapitel „Wachsen in Schritten".
103 D. Boadella, S. 8 f.
104 W. Hart, S. 53.
105 A. a. O., S. 117.
106 Damit wird im Focusing das Aha-Erlebnis bezeichnet, an dem man geistig erkennt, dass man die gesuchte Lösung gefunden hat. Auf der Körperebene folgt gleichzeitig das Aufrichten und Durchatmen.
107 P. Ekman, S. 42 f.
108 A. a. O., S. 44 f.
109 A. a. O., Fußnote S. 45.
110 A. a. O., S. 47–53.
111 J. Bauer, Warum ich fühle, was du fühlst, S. 21 ff.; F. M. Staemmler, S. 170.
112 P. Schütz u. a., S. 44.
113 A. a. O., S. 36.
114 A. a. O., S. 37.
115 Damit beziehe ich mich auf die fast zehn Jahre, die ich zuerst ehrenamtlich und dann angestellt im Verein Jugendzentren der Stadt Wien mit allen Altersgruppen gearbeitet habe – also nicht nur auf die Erfahrungen mit meinen eigenen Kindern.
116 Vgl. Claude Steiner, „Wie man Lebenspläne verändert. Die Arbeit mit Skripts in der Transaktionsanalyse". Junfermann Verlag, Paderborn 1982.
117 E. Berne, S. 103 f.
118 E. Goffman, Wir alle spielen Theater, S. 17.

119 Ds.
120 A. Lindgren, Pippi Langstrumpf, Verlag Friedrich Oetinger, Hamburg 1949, S. 19.
121 I. Stewart / V. Joines, S. 65 f.
122 Kurier, 11. Juli 2019, S. 2.
123 S. Haffner, Geschichte eines Deutschen, S. 201.
124 W. Hart, s. o., S. 45.
125 Vgl. S. 9.
126 Vgl. Gavin de Becker, „Mut zur Angst. Wie Intuition uns vor Gewalt schützt". Wolfgang Krüger Verlag, Frankfurt/Main 1999. (Taschenbuchausgabe unter dem Titel „Vertraue deiner Angst".)
127 S. Kelemen, S. 51 f.
128 J. Bauer, „Schmerzgrenze", S. 53 ff.
129 E. Herrigel, S. 19.
130 Vgl. S. 98 im Manuskript
131 E. Herrigel, S. 30.
132 A. a. O., S. 40 f.
133 Ein Grundsatz in der auf Zenon aus Kition (Zypern) ca. 300 v. Chr. zurückgehenden stoischen Philosophie lautet, stetes Bemühen um Affektkontrolle (Apathie), Selbstgenügsamkeit (Autarkie) und Unerschütterlichkeit (Ataraxie) führen zu Seelenruhe und Zufriedenheit.
134 J. L. Herman, S. 53.
135 Vgl. mein Buch „Schaff' dir einen Friedensgeist!" (2001), nämlich als Gegensatz zum Kampfgeist, unter „Gewaltprävention im Alltag" neu aufgelegt als Taschenbuch, aaptos Verlag, Matzen 2015.
136 A. Lowen, Körperausdruck und Persönlichkeit, S. 155 f.
137 Dissoziation kann als Trennung von Körper und Geist (Bewusstsein) interpretiert werden: Dann behaupten die Beobachter, die traumatisierte Person hätte ja geredet und agiert, aber sie selbst hat

keine Erinnerung – es ist für sie quasi der Zeitlauf „vorher" stehen geblieben und setzt erst viel später wieder ein. (Ähnliches erleben manche bei extrem hohem Fieber.) So etwas kennen manche auch von Verkehrsunfällen, wenn etwa der Lenker unverletzt aus dem Auto steigt und „kopflos" herumrennt und damit sich und andere gefährden kann, später aber keine Erinnerung dazu aufweist.

138 Anleitung dazu im Kapitel „Wachsen in Schritten", s. S. 145.
139 https://www.welt.de/politik/deutschland/article196642739/Merkel-ueber-ihr-Zittern-Ich-weiss-um-die-Verantwortung-meines-Amtes.html.
140 Lehrmeinungen sind im Gegensatz zu „gewöhnlichen" Meinungen im Abwägen vieler älterer Bearbeitungen und Beurteilungen des Themas kritisch durchdacht und durch Quellenangaben belegt, publiziert und von kompetenter Kollegenschaft bestätigt oder widerlegt.
141 P. Ekman, S. 34 ff.
142 Ich bezeichne mit diesem Begriff im Gegensatz zu Sigmund Freud, der damit den Geschlechtsverkehr der Eltern meinte, wenn er vom „prägenitalen" Kind beobachtet und als Aggression gegen die geliebte Mutter fehlgedeutet wurde, das (auch nicht-sexuelle) Erleben, bei dem das erste Mal die Empfindungen und Gefühle verspürt wurden, die den späteren Symptomcharakter auslösen.
143 S. Haines, Ausatmen, S. 116.
144 In der Arbeit mit Menschen, die sexuell traumatisiert wurden, wird der Ausdruck „Opfer" vermieden, um die Todessuggestion zu vermeiden. Stattdessen spricht man von Überlebenden von Gewalt („survivors").
145 Zitiert nach „Romy Schneider – Bilder ihres Lebens, entworfen von Renate Seydel und gestaltet von Bernd Meier". Henschel Verlag, Berlin 1990, S. 99, S. 147.

146 Vgl. R. A. Perner, „Die Tao-Frau", S. 127.
147 R. A. Perner, „Gewaltprävention im Alltag", S. 206 ff.
148 S. Haffner, a. a. O., S. 70.
149 Durch das kaiserliche „Wormser Edikt" vom 8. 5. 1521 wurde jedermann „unter Androhung von Acht und Aberacht" geboten, „dass er Martin Luther nit hauset, hoffet, etzt, drenket, noch enthaltet, noch ime mit worten oder werken haimlich noch offenlich kainerlai hilf, anhang, beistand noch fürschub beweiset", sondern ihn gefangen nimmt und an den Kaiser ausliefert. (Fritz Reuter (Hg.) „Der Reichstag zu Worms von 1521. Reichspolitik und Luthersache", Böhlau Verlag Köln Wien, 1981, S. 150.)
150 S. Haffner, a. a. O., S. 222.
151 Vgl. Aaron Antonovsky, „Salutogenese. Zur Entmystifizierung der Gesundheit". Deutsche Gesellschaft für Verhaltenstherapie, Tübingen 1997, S. 16 ff.
152 H.-E. Richter, a. a. O., S. 26.
153 Vgl. Hannes Lindemann, Überleben im Stress. Autogenes Training. Der Weg zur Entspannung – Gesundheit – Leistungssteigerung. Wilhelm Heyne Verlag, München 1973.
154 Vgl. Mary Goulding, „Kopfbewohner. Oder: Wer bestimmt dein Denken? Wie du Feindschaft gegen dich selbst mit Spaß und Leichtigkeit in Freundschaft verwandelst." Junfermann Verlag, Paderborn 1988/934.
155 Vgl. Jürgen Wippich, „Denk nicht an Blau", Junfermann Verlag, Paderborn 1995.
156 Vgl. auch Rotraud A. Perner / Roman A. Perner, „Heilkraft Humor. Ein Beitrag zur Gewaltprävention und Salutogenese", edition roesner, Krems an der Donau, 2019.
157 R. A. Perner, „Die Tao-Frau", S. 21.
158 P. Ekman, S. 284 f.

159 Vgl. Antoine de Saint-Exupéry, „Der kleine Prinz", Verlag Die Arche, Zürich 1983, S. 72.
160 F. Schulz v. Thun, S. 47 ff.
161 Vgl. Rotraud A. Perner / Roman A. Perner, PROvokativpädagogik PROvokativmethodik. Ein Beitrag zu Gewaltprävention und Salutogenese. aaptos Verlag, Matzen 2017.
162 Akademie für Salutogenese & Mesoziation (AMS) s. www.salutogenese.or.at
163 S. www.perner.info.
164 D. Boadella, S. 15.
165 Dazu als literarische Empfehlung: Rudyard Kipling, „Wie das Kamel seinen Buckel bekam". In: „Das kommt davon. Geschichten und Märchen.", Paul List Verlag, Leipzig 1929, 6.– 8. Auflage. Original „Just so stories", Bernhard Tauchnitz, Leipzig o. A. Derzeit erhältlich unter dem Titel „Genau-so-Geschichten" im Unionsverlag, Zürich 2011.
166 Vgl. Günter Fritz, „Der Parmalat-Skandal. Die grenzenlose Gier des Managements", Orac, Wien 2004.
167 Vgl. Laotse, „Tao te king". Eugen Diederichs Verlag, Düsseldorf 1978/80$^{74.-78.Tausend}$.
168 R. Bandler / J. Grinder, S. 19 f.
169 profil Nr. 30 vom 21. Juli 2019, S. 16.
170 L. Wittgenstein, S. 115.
171 Vgl. Karl Bühler, „Sprachtheorie. Die Darstellungsfunktion der Sprache", UTB Gustav Fischer Verlag, Stuttgart 1982. Paul Watzlawick / Janet H. Beavin / Don D. Jackson, „Menschliche Kommunikation. Formen, Störungen, Paradoxien", Verlag Hans Huber, Bern 1969/82^6.
172 G. Roth, S. 224.
173 D. Boadella, S.231.

174 E. A. Poe, S. 158. (deutsch: „Wenn ich herausfinden will, wie gescheit, dumm, gut oder bösartig jemand ist oder was er augenblicklich denkt, gestalte ich meinen Gesichtsausdruck so akkurat wie möglich wie seinen und warte ab, welche Gedanken oder Gefühle als Entsprechung in meinem Hirn oder Herzen aufsteigen." Übersetzung von mir.)
175 Vgl. Henry Ellenberger, „Die Entdeckung des Unbewussten"
176 M. Storch u. a., S. 66.
177 A. a. O., S. 68.
178 Vgl. mein Buch „Prinzesschen, Kämpferin … Königin! Weibliche Kraft in allen Lebensphasen."
179 M. Storch, s. o., S. 67.
180 S. Haffner, a. a. O. S. 204.
181 G. Roth, S. 306.
182 A. Lowen, Angst vor dem Leben, S. 125.

10. Literatur

ALBERONI Francesco, Erotik. Weibliche Erotik, männliche Erotik – was ist das? Piper, München 1987/91⁴.

BANDLER Richard / GRINDER John, Reframing. Ein ökologischer Ansatz in der Psychotherapie (NLP). Junfermann Verlag, Paderborn 1985.

BAUER Joachim, Schmerzgrenze. Vom Ursprung alltäglicher und globaler Gewalt. Karl Blessing Verlag, München 2011.

BAUER Joachim, Warum ich fühle, was du fühlst. Intuitive Kommunikation und das Geheimnis der Spiegelneurone. Hoffmann und Campe, Hamburg 2005/06⁹.

BENESCH Michael, Psychologie des Dialogs. facultas. wuv Universitätsverlag, Wien 2011.

BERNE Eric, Spiele der Erwachsenen. Psychologie der menschlichen Beziehungen. Rowohlt Taschenbuch Verlag, Reinbek bei Hamburg 1970/76¹⁰⁹·⁻¹²⁰·ᵀᵃᵘˢᵉⁿᵈ.

BOADELLA David, Befreite Lebensenergie. Einführung in die Biosynthese. Kösel-Verlag, München 1991.

BURGARD Roswitha, Wie Frauen verrückt gemacht werden. Orlanda Frauenverlag, Berlin 1988⁵.

CANETTI Elias, Masse und Macht. Fischer Taschenbuch Verlag, Frankfurt/Main 1980/1988⁷⁸·⁻⁸²·ᵀᵃᵘˢᵉⁿᵈ.

CIALDINI Robert B., Die Psychologie des Überzeugens. Ein Lehrbuch für alle, die ihren Mitmenschen und sich selbst auf die Schliche kommen wollen. Verlag Hans Huber, Bern 1997/2007⁵.

DROSTE-HÜLSHOFFS Werke in einem Band, Verlag Das Bergland-Buch, Salzburg o. A.

EKMAN Paul, Gefühle lesen. Wie Sie Emotionen erkennen und richtig interpretieren. Elsevier, München 2004.

ELIACHEFF Caroline, Das Kind, das eine Katze sein wollte. Psychoanalytische Arbeit mit Säuglingen und Kleinkindern. Verlag Antje Kunstmann, München 1994.

NORBERT Elias / SCOTSON John L., Etablierte und Außenseiter. Suhrkamp, Frankfurt/Main 1990.

FREUD Sigmund, Hemmung, Symptom und Angst (1925/26). In: Sigmund Freud, Studienausgabe VI, Hysterie und Angst. S. Fischer Verlag, Frankfurt/Main 1971/1997[97].

GENDLIN Eugene T., FOCUSING. Technik der Selbsthilfe bei der Lösung persönlicher Probleme. Otto Müller Verlag, Salzburg 1981/1984[4].

GOFFMAN Erving, Wir alle spielen Theater. Die Selbstdarstellung im Alltag. Piper Verlag, München 1983/2003[5].

HAINES Staci, Ausatmen. Wege zu einer selbstbestimmten Sexualität für Frauen, die sexuelle Gewalt erfahren haben. Orlanda Frauenverlag, Berlin 2001.

HASS Hans, Energon – Das verborgene Gemeinsame. Verlag Fritz Molden, Wien München Zürich 1970.

HAFFNER Sebastian, Geschichte eines Deutschen. Die Erinnerungen 1914–1933. dtv, München 2002.

HANDLER Beate, Monster von nebenan. Wie gut kennen Sie Ihren Nachbarn? Goldegg Verlag, Wien 2011.

HART William, Die Kunst des Lebens. Vipassana-Meditation nach S. N. Goenka, Fischer Taschenbuch Verlag, Frankfurt/Main 1996.

HENLEY Nancy M., Körperstrategien – Geschlecht, Macht und nonverbale Kommunikation. Fischer Taschenbuch Verlag, Frankfurt/Main 1988.

HERRIGEL Eugen, Zen in der Kunst des Bogenschießens. Otto Wilhelm Barth Verlag 1983[22].

HERMAN Judith Lewis, Die Narben der Gewalt. Traumatische Erfahrungen verstehen und überwinden. Kindler Verlag, München 1993.

JACOBI Jolande, Die Psychologie von C. G. Jung. Eine Einführung in das Gesamtwerk. Fischer Taschenbuch Verlag, Frankfurt/Main 1977/82[21.-25.Tausend].

KELEMEN Stanley, Dein Körper formt dein Selbst. Selbsterfahrung durch Bioenergetik. mvg, Landberg am Lech 1982.

LABUHN Andju Sara, Zivilcourage: Inhalte, Determinanten und ein erster empirischer Zugang. Verlag für Polizeiwissenschaft – Clemens Lorei, Frankfurt/Main 2004.

LOWEN Alexander, Angst vor dem Leben. Über den Ursprung seelischen Leidens und den Weg zu einem reicheren Dasein. Kösel-Verlag, München 1981.

LOWEN Alexander, Körperausdruck und Persönlichkeit. Grundlagen und Praxis der Bioenergetik. Kösel-Verlag, München 1985[2].

MARCUSE Herbert, Triebstruktur und Gesellschaft. Ein philosophischer Beitrag zu Sigmund Freud. Suhrkamp Verlag, Frankfurt/Main 1957/87[74. und 75. Tausend].

MECACCI Luciano, Das einzigartige Gehirn. Über den Zusammenhang von Hirnstruktur und Individualität. Campus Verlag, Frankfurt/Main 1986.

MILLER Alice, Am Anfang war Erziehung. Suhrkamp, Frankfurt/Main 1980/1981[46.-65.Tausend].

NOELLE-NEUMANN Elisabeth, Öffentliche Meinung. Die Entdeckung der Schweigespirale. Ullstein, Berlin 1982/ 96[4].

PERNER Rotraud A., Die reuelose Gesellschaft. Residenzverlag, Salzburg St. Pölten Wien 2013.

PERNER Rotraud A., Die Tao-Frau. Der weibliche Weg zur Karriere. C. H. Beck, München 1997.

PERNER Rotraud A., Die Überwindung der Ich-Sucht. Sozialkompetenz und Salutogenese. Studienverlag, Innsbruck 2009.

PERNER Rotraud A., Freiheit – Gleichheit – Menschlichkeit. Politische und tiefenpsychologische Essays. Edition roesner, Mödling – Maria Enzersdorf 2004.

Perner Rotraud A., Hand Herz Hirn. Zur Salutogenese mentaler Gesundheit. (2011) edition roesner, Mödling 2014.
Perner Rotraud A., Kaktusmenschen. Über den Umgang mit verletzendem Verhalten. ORAC, Wien 2011.
Perner Rotraud A., Lieben! Über das schönste Gefühl der Welt – für Anfänger, Fortgeschrittene und Meister. ORAC, Wien 2018.
Perner Rotraud A., Madonna UND Hure. Jagdstrategien für Amazonen. Ankh Verlag, Weichselboden 1997.
Perner Rotraud A., Prinzesschen, Kämpferin … Königin. Weibliche Kraft in allen Lebensphasen. edition roesner, Mödling 2019.
Perner Rotraud A., Sexuelle Reformation – Freiheit und Verantwortung. LIT Verlag, Münster Wien 2017.
Poe Edgar Allan, Selected Stories and Poems. Airmont Books, New York 1962.
Richter Horst-Eberhard, Sich der Krise stellen. Reden, Aufsätze, Interviews. Rowohlt Taschenbuch Verlag, Reinbek bei Hamburg 1981.
Rilke Rainer Maria, Das Stunden-Buch. Insel Verlag, Leipzig 1905/1972.
Rogers Carl R., Der neue Mensch. Klett-Cotta, Stuttgart 1983^2.
Roth Gabrielle, Leben ist Bewegung. Fünf radikale Wege zur Selbstbefreiung. Wilhelm Heyne Verlag, München 2001.
Rudhyar Dane, Die Magie der Töne. Musik als Spiegel des Bewusstseins. dtv, München 1988.
Schulz von Thun Friedemann, Miteinander reden 1. Störungen und Klärungen. Allgemeine Psychologie der Kommunikation. Rowohlt Taschenbuch Verlag, Reinbek bei Hamburg $1981/91^{225.-259.\text{Tausend}}$.
Schütz Peter / Schneider-Sommer Siegrid / Gross Brigitte / Jelem Helmut / Brandstetter-Halberstadt Yvonne, Theorie und Praxis der Neuro-Linguistischen Psychotherapie (NLPt). Das wissenschaftliche Fundament für die Europa-Anerkennung von NLPt. Junfermann Verlag, Paderborn 2001.

STAEMMLER Frank M., Das Geheimnis des Anderen – Empathie in der Psychotherapie. Klett-Cotta, Stuttgart 2009.

STEWART Ian / JOINES Vann, Die Transaktionsanalyse. Eine neue Einführung in die TA. Herder, Freiburg / Breisgau 1990/93³.

STORCH Maja / CANTIENI Benita / HÜTHER Gerald / TSCHACHER Wolfgang, Embodiment. Die Wechselwirkung von Körper und Psyche verstehen und nutzen. Verlag Hans Huber, Bern 2006.

TIDL Georg, Die Frau im Nationalsozialismus. Europaverlag, Wien 1984.

WEHLING Elisabeth, Politisches Framing. Wie eine Nation sich ihr Denken einredet – und daraus Politik macht. Herbert von Halem Verlag, Köln 2016.

WIESNER Heike, Die Inszenierung der Geschlechter in den Naturwissenschaften. Wissenschafts- und Genderforschung im Dialog. Campus Verlag, Frankfurt/Main 2002.

WILD-MISSONG Agnes, Focusing und Schamanismus. Der Körper als Schlüssel zur inneren Welt. Schirner Verlag, Darmstadt 2010.

WITTGENSTEIN Ludwig, Tractatus logico-philosophicus. Logisch-phlosophische Abhandlung. Edition suhrkamp, Frankfurt/Main 1963.